PARFUMS

CHANTS ET COULEURS

C

*Il fallait eſtre ou pas; la nuict dedans la foſſe,
Ou le jour éternel du vieulx mont Double-Boſſe;
Pour éventrer l'oubly, j'ay forcé le ſainct lieu,
Je l'ay faict, me voycy : je m'appelle MATHIEU.*

Dess. par All. Louis Perrin, gravé par Pégard.

PARFUMS

CHANTS ET COULEURS

POÉSIES

PAR

GUSTAVE MATHIEU

LYON

IMPRIMERIE LOUIS PERRIN

ALF. LOUIS PERRIN & MARINET, Succ.

1873

A RICHARD WALLACE

Je veux illuminer le fronton de ce livre
De l'immortel éclat d'un nom digne de vivre,
Le tien, Richard Wallace, illuſtre homme de bien.
A moi l'inſigne honneur de t'armer citoyen
De la France qui t'aime, & de marquer ta place
Au fond de tous les cœurs par cette Dédicace.

C'eſt au nom de Paris, qui compte par milliers
Tes dons & tes bienfaits, que je briſe à tes pieds,
Pour ta pitié profonde & ton amour immenſe,
Cette urne de parfums & de reconnaiſſance.

PROLOGUS

Nec fonte labra prolui Caballino,
Nec in bicipiti somniasse Parnasso
Memini, ut repente sic poeta prodirem:
Heliconiadasque pallidamque Pirenem
Illis remitto, quorum imagines lambunt
Hederæ sequaces. Ipse semi-paganus
Ad sacra vatum carmen affero nostrum.

Quis expedivit psittaco suum χαῖρε?
Picasque docuit verba nostra conari?
Corvos quis olim concavum salutare?
Magister artis, ingeniique largitor
Venter, negatas artifex sequi voces.
Quod si dolosi spes refulserit nummi,
Corvos poetas & poeticas picas
Cantare credas Pegaseium melos.

Persius.

OUVERTURE

LE RÉVEIL DE MUSA.

> Jam clarum mane feneſtras intrat.
> (PERSE.)

E prenant corps à corps, le jour lutte avec
    l'ombre
Qui ſe fait doucement, tout doucement
    moins ſombre,
Et d'objets en objets, dedans l'appartement,
Les yeux s'habituant... diſtinguent vaguement...
Enfin, le clair matin, de ſa joyeuſe face,
Trouant la jalouſie, — à la vitre grimace,
Faiſant de ſa blancheur claire, & plus claire encor,
Des meubles aux rideaux, jaillir la pourpre & l'or !

Le Réveil

Dehors, à l'orient, le lointain se colore !!!

Sur sa couche étendue, & pareille à l'Aurore,
Bras noués sous la nuque, & lèvres sur les dents,
Le front semi-voilé sous les cheveux ardents,
Ruisselant à l'entour, & de leur éclat fauve
Pourprant ses nudités dans l'ombre de l'alcôve...
Musa dort... attendant, en un songe vermeil,
De l'immortel amant le long baiser réveil.

La bouche, par instants s'animant, semble dire
Qu'elle va tout à coup s'emperler d'un sourire ;
Puis plus rien... On croirait qu'elle est morte vraiment,
N'était de ses longs cils le doux clignotement...
Ce pied cambré sortant de la courtine rouge,
Et ce sein rond mi-nu, sous le lin blanc qui bouge...

Elle dort... attendant, en un songe vermeil,
De l'immortel amant le long baiser réveil.

VATES.

Frais époux d'Aurora, non ! ce n'est pas la tienne
Qui sommeille ici, va ! Contemple, c'est la mienne...
Mais je crois que là-bas, à l'orient vermeil,
Vous avez oublié, serviteur du Soleil,

D'éteindre cette étoile, & c'est Vénus la belle,
Le maître n'est pas loin : fuyez à tire-d'aile !
Bras dessus, bras dessous, nous irons la revoir
Etinceler, splendide, à votre front ce soir.

CHOEUR.

Parfums, chants & couleurs, par la fenêtre ouverte,
D'où l'on voit la campagne, & rose, & blanche, & verte,
Accourez tous; entrez, beaux enfants du Soleil,
Pour embaumer, chanter & dorer le réveil
De la chaste beauté qui sur ce lit repose,
Montrant ses blanches dents, sur sa lèvre déclose.

VATES.

Ah ! rompons les douceurs de ce long sommeiller.
Ouvre ces yeux aimés, & du mol oreiller
Dénouant ces bras nus, lève ta belle tête,
Mignonne, à ce baiser, vrai baiser de poète,
Qui, tout à toi, comprend (dût le blanc Saint-Esprit,
Rôdant ici peut-être, en rougir de dépit);
Que pour te féconder il faut toute autre chose
Qu'un baiser de zéphyr, ou qu'un parfum de rose.

Elle dort... attendant, en un songe vermeil,
De l'immortel amant le long baiser réveil ;

Mais le rire a perlé sur ces lèvres décloses,
Faisant de ce teint mat jaillir deux fraîches roses,
Belles pudiques fleurs qui guettaient ton réveil
Pour te faire à la joue un éclat tout pareil.
Et voici que l'alcôve, ô ma belle éveillée,
Des rayons de tes yeux s'est tout ensoleillée.

Allons! dans tes beautés, laisse-toi toute voir,
Etoile du rêveur! parfum! pourpre du soir!!!
En veux-tu des baisers, ma divine conquête,
Tiens! pour la faire encor, voilà : la chose est faite!
Un témoin! le Soleil! Trop tard, beau Soleil roi!
La lune d'hier soir en a vu plus que toi!
Mais tu n'es pas de trop, blond Phébus! donc modère
Ces coursiers frémissants qui ronflent la lumière
Du jour à pleins naseaux, & du fond du ciel bleu
Secouant dans les airs ta crinière de feu,
Debout sur ton char d'or, la face émerveillée,
Contemple en ses splendeurs la muse réveillée.

CHOEUR.

Parfums, chants & couleurs, par la fenêtre ouverte,
D'où l'on voit la campagne, & rose, & blanche, & verte,
Accourez tous, entrez, beaux enfants du Soleil,
Pour embaumer, chanter & dorer le réveil

De la chaste beauté qui, sur ce lit, repose,
Montrant ses blanches dents sur sa lèvre déclose.

   Criant dans l'azur, les prompts martinets
De joyeux zigzags sillonnent l'espace;
Dans l'air matinal l'hirondelle passe,
Rasant les murs blancs, les toits, les volets,
Pendant que là-bas les vitres lointaines
S'allument des feux du soleil levant,
Et que des hauteurs un frais petit vent
Des jardins fleuris souffle les haleines.

LE LEVER.

Faisant au saut du lit jaillir comme un éclair,
Des désordres du lin l'éclat nu de sa chair,
Musa vient de chausser la pantoufle écarlate.
La divine un instant s'étire, se dilate,
Et devant son miroir, empoignant ses cheveux,
Calme, le peigne en main, leurs flots tumultueux;
Puis, d'un prompt tour de reins, bras levés, les arrête
Négligemment massés sur sa superbe tête.
L'instant d'après, voici qu'en un réduit voisin,
On entend chanter l'eau qui perle sur son sein.
Enfin, sous son peignoir, grande & toute en fenêtre,
Au balcon s'accoudant, elle vient d'apparaître...

*De Montmartre aux sommets, tout Paris à ses pieds
S'étale immense, avec ses monuments altiers :
Eglises & palais, aux dômes qui reluisent,
Et dont les flèches d'or dedans l'azur s'aiguisent...
Là, Musa, l'œil ouvert, superbe d'indolence,
Contemple l'alentour avec l'indifférence
D'un beau levant soleil, regardant de l'azur,
Frissonner sous la brise, un grand champ de blé mur.
Lors, retournant sa face, elle a dit : O poète !
Ce n'est pas sur Paris où mon regard s'arrête :
Par delà les côteaux & les monts bleus, je crois
Distinguer vaguement la cime des grands bois ;
J'ai rêvé de verdure & de fleurs, je m'ennuie,
Et chaque jour pour moi n'est qu'un long jour de pluie.
Le clair lointain m'appelle, & je sens dans mon cœur
Bourdonner la chanson de la campagne en fleur.*

JE VEUX CE QUE TU VEUX.

*Je veux ce que tu veux, ma tant douce Egérie !
O toi qui sais si bien que ma verve, appauvrie
Par l'air lourd & fiévreux de la sombre cité,
A besoin de soleil, d'azur, de liberté ;
Je veux, humant ta trace, ô senteur des prairies !
O ma grande adorée ! ô muse Vérité,*

M'enivrer d'idéal & de réalité,
Sur ce col, ces cheveux, fur ces lèvres fleuries.

Nous franchirons les mers, les monts, les bois, les champs!
Quand tu m'auras appris la chanfon du printemps,
Que je la faurai bien, tu me diras, mignonne,
La chanfon de l'été, celle du rouge automne,
Le chant d'hiver auffi; tu chanteras les vers,
Moi je les écrirai fur des rhythmes divers.

IL FAUT ÊTRE DEUX.

Il faut être deux pour bien la comprendre,
Bien la refpirer, la voir & l'entendre,
La fraîche chanfon des bois au printemps!
Elle fent le thym, l'écorce & la mouffe.
L'ayant écoutée un jour de beau temps,
On l'entend toujours, la chanfon fi douce,
La fraîche chanfon des bois au printemps.

SOUVENIRS. — DUO.

MUSA.

Voir & faifir l'effet des plus minimes chofes,
Les chanter, c'eft fort bien; mais cognoiftre les caufes!
Poète, tout eft là; plus heureufe que toi,
Quand je les furprendrai, je te dirai: Suis-moi,

Et je vais te conduire à la source sacrée
Où sous les profondeurs, en sa conque nacrée,
On va plonger l'idée, & le rhythme, plus fort
Que l'implacable temps, que l'envie & la mort.

VATES.

C'est près de là, dis-moi? qu'on entend le murmure
Des grands pins odorants, à la sombre verdure,
Qui vous font souvenir, en faisant vibrer l'air,
Des beaux lointains pays d'où l'on entend la mer.

MUSA.

Par la pensée on vogue, on passe le tropique ;
On va de l'équateur jusqu'au pôle antarctique.

VATES.

Le pied fait au roulis, sur un pont frémissant,
On peut suivre de l'œil le sillon blanchissant
Du vaisseau qui s'enlève, & descend & se penche,
Rasant les flots d'azur sous sa voilure blanche.

MUSA.

Dans la brise alisée où l'on file si bien,
On va du Pacifique à l'Océan indien,
Doublant les deux grands caps, cherchant les îles bleues,
Loin des vieux continents, à des milliers de lieues...

VATES.

Suivant le libre cours de son émotion,
Sur ce navire d'or qu'on nomme Illusion,
Nourrice qui vous berce & vous prend dans ses voiles,
Pour passer le soleil & vous changer d'étoiles,
On est heureux de vivre, on vogue sans raison,
Cherchant, sans l'attraper, le bout de l'horizon.
Si que, las de rouler sur la mer azurée,
L'ayant d'un blanc sillon triplement ceinturée,
On arrive un beau jour, comprenant un peu tard
Que l'on revient toujours à son point de départ,
A s'écrier : Hélas!! que la terre est petite!
Puis, s'y trouvant par trop à l'étroit, on s'irrite
De ne pouvoir voguer dans le grand Jupiter.
On voudrait à l'instant partir dans un éclair.....
Et par delà l'azur montant de sphère en sphère,
De cet immense monde atteindre la lumière.

MUSA.

Pour, repoussant du pied ce globe inférieur,
S'élever rayonnant vers cet autre meilleur.
La mort est un bon guide ; elle fait, ô poète,
Le chemin lumineux qui mène à ta planète,
En passant par la nuit pour arriver au jour,
Avec le simple aller, & jamais le retour.

Ah ! demandons plutôt à la dive nature,
Le secret des couleurs, des parfums, du murmure
Des bois, des mers, des monts aux grands cèdres ombreux,
D'où l'on peut voir au loin, du flanc des coteaux bleus,
Dans un nuage d'or, comme des avalanches,
Les troupeaux effarés rouler leurs toisons blanches
Aux aboiements des chiens, à l'heure où rouge sang,
Dans les pourpres de l'eau, le grand soleil descend,
Faisant à l'orient, la lune blanche & pleine,
Sortir des rameaux clairs pour contempler la plaine.

VATES.

C'est bien : nous chanterons les eaux, les cieux, le vent;
Mais je jure aujourd'hui, par ce soleil levant,
Ruisselant sur Paris, & par ces hirondelles
Allant & revenant, fuyant à tire d'ailes,

Que je veux voir encor phosphorescer la mer,
A l'avant d'un trois-mâts traçant son sillon clair,
Avec léger roulis mêlé d'un doux tangage,
Sur les flots flamboyants, par une nuit d'orage,
Au battement rhythmé des voiles sur les mâts,
Retombant par instants avec un long fracas,
Pendant qu'à l'horizon la gueule des ténèbres
Avale les éclairs, aux roulements funèbres

De la foudre éclairant toute une mer en feu,
Avec un fin voilier, voguant au beau milieu.

Je veux revoir auffi, fur la vague hurlante,
Le vaiffeau fe cabrer au fort de la tourmente,
Éperdu, démâté, cordages dans le vent,
Craquant avec fracas de l'arrière à l'avant,
Et m'endormir au bruit de ces âmes en peines,
Se lamentant toujours dans la nuit des carènes.

MUSA.

Ou mieux, fous l'équateur, fur la poupe s'affeoir,
Et regardant le ciel dans les tiédeurs du foir,
Voir fur deux horizons, en changeant d'hémifphère,
Monter la croix du fud & tomber la polaire;
Puis, le jour, du foleil fuivre curieufement
L'ombre marchant toujours, & la voir doucement,
Au lieu de droite à gauche, aller de gauche à droite :
C'eft peut-être un peu fort pour une tête étroite.
Poète, fi tu veux m'écouter un moment,
J'expliquerai cela mathématiquement.

VATES.

C'eft un effet, Mufa, dont je connais la caufe,
Et je vais à l'inftant, te démontrer la chofe.

MUSA.

Poète, calme-toi; ce n'est pas le moment
De te laisser aller à quelque emportement.
Il est beau, j'en conviens, de chanter la nature,
Sa beauté qui varie, & sa forme qui dure;
Mais je fais, grand rêveur, des chants plus fiers encor,
Que j'accompagnerai sur une lyre d'or.
Oui, je veux, te soufflant des airs de Marseillaise,
De ce vent fatidique aviver la fournaise
Où, forgeron divin, tu rougiras tes vers
Pour après, bras levés, le front dans les éclairs,
Faisant tout à l'entour sauter les étincelles,
Les forger savamment en strophes immortelles,
Célébrant le soleil, le droit, la liberté,
L'amour de la justice & de l'humanité.

VATES.

Et sonnant l'hallali des tyrans & des maîtres,
Des renégats, des gueux, des menteurs & des traîtres.

PRENDS LA CLEF DES BOIS.

Prends la clef des bois, des prés & des champs,
Et je te suivrai, toi qui veux m'apprendre

La douce chanson des bois au printemps,
Cette chanson rose, azur & vert tendre
Qui ne dure, hélas! que quelques instants;
Puisque c'est à deux qu'on peut la comprendre,
Mieux la respirer, la voir & l'entendre.
Oh! n'attendons plus, & par ce beau temps,
Sur ce blanc jupon, bordé de dentelle,
Mets ta robe paille, à petits pois bleus,
Jette un chapeau rond sur ces lourds cheveux;
Lace ta bottine & prends ton ombrelle,
Ce matin à deux nous irons aux bois,
D'un poème suivis, nous reviendrons à trois.

IL FAUT ÊTRE DEUX.

Il faut être deux pour bien la comprendre,
Bien la respirer, la voir & l'entendre,
La fraîche chanson des bois au printemps;
Elle sent le thym, l'écorce & la mousse.
L'ayant écoutée un jour de beau temps,
On l'entend toujours, la chanson si douce,
La fraîche chanson des bois au printemps.

ADIEU! CLAIR FLAMBEAU.

Adieu! clair flambeau de l'humanité,
Paris fraternel, vieux Paris qu'on aime!
Oh! mais ce n'est pas un adieu suprême:
On a beau le fuir, on revient quand même
Au foyer sacré de la liberté.
Au revoir Paris, vieux Paris qu'on aime!

Voyez-vous d'ici l'immense cité,
Par devant, derrière & sur le côté
S'avancer sans cesse & gagner Montmartre,
Mangeant la verdure & grimpant toujours,
Criblant de maisons tous les alentours,
Escaladant tout? C'est comme une dartre
D'églises, couvents, théâtres, prisons,
Colonnes, palais & longues casernes
Sortant du milieu des hautes maisons
Pleines d'habitants à figures ternes!

Adieu! clair flambeau de l'humanité,
Paris fraternel, vieux Paris qu'on aime.
Oh! mais ce n'est pas mon adieu suprême:
On a beau le fuir, on revient quand même
Au foyer sacré de la liberté.

Les coqs ont chanté, les forges flamboient,
Dans le vent plus frais, les lointains verdoient;
Un bruit sourd, montant dans le matin clair,
Semble vaguement la voix de la mer.
Se frottant les yeux, voilà qu'il s'éveille,
Ce grand ouvrier, le Paris merveille !
Et comme chassés par les balayeurs,
Repus & catins, escrocs & joueurs
Vont rasant les murs & l'échafaudage
Où l'ouvrier siffle & chante à l'ouvrage.

Mais ces cris stridents qui déchirent l'air,
Ces frémissements de barres de fer
Sautant sur l'essieu des lourdes voitures,
Sont pour tous mes nerfs autant de morsures.
Oh! l'affreuse odeur montant de là-bas!
De ce couvent blanc ou de la Villette,
J'entends la manœuvre: Ourche! avant! arche! ette!
Ah! j'ai tout compris, ce sont des soldats.
Din, don, din, din, c'est la messe qui sonne;
Le clairon répond, le tambour aussi;
Puis l'orgue s'en mêle. Ah! filons d'ici,
Et prépare tout; hâtons-nous, mignonne.

Adieu! clair flambeau de l'humanité,
Paris fraternel, vieux Paris qu'on aime;

Oh ! mais ce n'est pas un adieu suprême :
On a beau le fuir on revient quand même
Au foyer sacré de la liberté.

CHŒUR DU DÉPART.

Le sang va plus vite & le cœur se gonfle
Aux premiers soleils de ce renouveau ;
Allons-y gaîment, par terre ou par eau !
Entends-tu là-bas la vapeur qui ronfle ?

Mais je suis encor à m'extasier
Devant ces yeux clairs, cette face franche !
Ces rouges cheveux sont comme un brasier
D'où la peau ressort plus fine & plus blanche.
Si quelques rousseurs tachent ce beau front,
C'est le blond printemps qui les fait éclore ;
Les derniers soleils les effaceront
De ce teint de lys, qu'un sang pur colore.

Cet air simple & fier, ces seins triomphants
Nous disent assez que, mère féconde,
Vous aurez un jour de nobles enfants,
Qui grandiront pour le bonheur du monde ;
Et si ce n'est nous, d'autres les verront

Sains de corps, d'esprit, comme était leur mère.
Librement venus, libres ils seront,
Ne faisant jamais que ce qu'il faut faire.

T'agitant de bras, & de hanche aussi,
Le cou se mouvant dans la collerette,
Musa, ma tant douce, es-tu belle ainsi,
Tout en achevant ta simple toilette ?
Mais de ce panier, là-bas, j'aperçois
Passer deux goulots; oh! la riche affaire!
Vous avez compris qu'au fin fond des bois
On ne vivait pas d'amour & d'eau claire.

CHOEUR.

Aux premiers soleils de ce renouveau,
Le sang va plus vite & le cœur se gonfle ;
Entends-tu là-bas la vapeur qui ronfle ?
Allons-y gaîment par terre ou par eau !

PRENDS LA CLEF DES BOIS.

Prends la clé des bois, des prés & des champs,
Et je te suivrai, toi qui veux m'apprendre
La douce chanson des bois au printemps,
Cette chanson rose, azur & vert tendre,

Qui ne dure, hélas! que quelques inftants;
Puifque c'eft à deux qu'on peut la comprendre,
Mieux la refpirer, la voir & l'entendre.
Ho! n'attendons plus, & par ce beau temps,
Sur ce blanc jupon, bordé de dentelle,
Mets ta robe paille, à petits pois bleus;
Jette un chapeau rond fur ces lourds cheveux,
Lace ta bottine & prends ton ombrelle;
Ce matin, à deux, nous irons aux bois,
D'un poème fuivis, nous reviendrons à trois.

LE

RETOUR DES HIRONDELLES.

PROLOGUE.

'AUTRE *jour, avec Marguerite,*
En débouchant d'un chemin creux,
Une hirondelle filant vite
Frôla de l'aile ſes cheveux.
Vierge ſainte! cria la belle,
Surpriſe & rouge de bonheur,
Voici la première hirondelle!!
Lors tous deux de chanter en chœur:

CHOEUR.

I

Les hirondelles ſont venues!!
Sortant du bleu du firmament,
De la briſe & des blanches nues:
On ne ſait pas d'où ni comment
Les hirondelles ſont venues.

II

Après, j'ai vu deux hirondelles,
J'en ai vu trois, j'en ai vu six,
S'entrecroisant à tire d'ailes.
En comptant bien, j'en ai vu dix;
Et maintenant c'est par centaines.
Les voilà toutes par milliers
Effleurant l'eau, rasant les plaines,
Les murs blancs, les petits sentiers.

III

L'azur, la brise & l'eau courante
S'allumant des pourpres du soir,
Tout ce qui luit, embaume & chante
Vous attendaient sans trop savoir!!
Soyez toutes les bienvenues,
Pèlerines des lieux bénits,
Sous l'auvent des maisons connues
Entrez : voici vos anciens nids.

CHŒUR.

Les hirondelles sont venues,
Sortant du bleu du firmament,

De la brise & des blanches nues :
On ne sait pas d'où ni comment
Les hirondelles sont venues.
On ne sait pas d'où ni comment.

PRIMAVERA.

I

Pour mieux vous voir, chaque fleurette
Bleu clair, blanc rose & jaune d'or,
Du vert des prés dresse la tête ;
Le perce-neige vit encor !!
Les collines sont toutes blanches ;
C'est une neige de senteurs
Qui papillonne autour des branches,
Ployant sous les touffes de fleurs.

II

Courant du val à la colline,
Jusqu'au bout de l'horizon bleu...
Par les lilas & l'aubépine
Toute la floraison prend feu.
Et dans l'odorant artifice

L'hirondelle pourfuit fon vol,
La rofe entrouvrant fon calice
Pour écouter le roffignol.

III

Sur les maifons illuminées
Des beaux rayons d'or du lointain,
On entend par les cheminées
Les menus propos du matin
De ces bavardes hirondelles,
S'entretenant à leur réveil,
Tout en liffant leurs longues ailes,
De vent, de pluie & de foleil.

CHOEUR.

Les hirondelles font venues,
Sortant du bleu du firmament,
De la brife & des blanches nues :
On ne fait pas d'où ni comment
Les hirondelles font venues.
On ne fait pas d'où ni comment.

I

A la fuite des hirondelles
Voici le martinet venu,

Plus grand, plus prompt, sortant comme elles
Des pays bleus de l'inconnu.
Trouant l'azur, coupant la brise,
Ils sont tous là; d'un vol ardent,
Du castel à la vieille église,
Passant avec un cri strident.

CHOEUR.

Plus grand, plus prompt & plus long d'ailes,
Sortant du bleu de l'inconnu,
A la suite des hirondelles
Voici le martinet venu.
A la suite des hirondelles
Voici le martinet venu.

II

Au chant joyeux des alouettes,
Des pinsons, des traîtres coucous,
Épiant le nid des fauvettes,
Pour y pondre quand il fait doux,
Passez, passez, oiseaux utiles,
Fleurissant tous les alentours
Des petits bourgs aux grandes villes;
Faites la pluie & les beaux jours.

Les hirondelles sont venues,
Sortant du bleu du firmament,
De la brise & des blanches nues :
On ne sait pas d'où ni comment
Les hirondelles sont venues.
On ne sait pas d'où ni comment.

III

L'œil vers le sol, ou dans l'espace,
Bienheureux qui sait lire & voir !
Dans ce petit livre qui passe,
Monte & descend, tout blanc, tout noir.
Il pourra connaître à l'avance
S'il fera beau, s'il ventera,
Si la bourrasque qui s'avance
Sur la vendange éclatera.

IV

Les voyant planer sous la nue,
Raser les eaux ou le chemin,
Malheur au faux chasseur qui tue,
Pour se faire l'œil ou la main,
Ces hirondelles providence,

Qui d'un infatigable vol
De tous germes de pestilence
Vont épurant l'air & le sol!

Les hirondelles sont venues,
Sortant du bleu du firmament,
De la brise & des blanches nues :
On ne sait pas d'où ni comment
Les hirondelles sont venues.
On ne sait pas d'où ni comment.

v

Fleurs de l'azur & des nuages,
Amantes des longs jours d'été,
O vous qui mourez dans les cages,
Paissez les airs en liberté!!!
Pendant qu'étendu sous ce chêne
Dont l'ombrage au déclin du jour
S'allonge en tremblant sur la plaine,
J'achèverai ce chant d'amour.

Les hirondelles sont venues,
Sortant du bleu du firmament,
De la brise & des blanches nues :

On ne sait pas d'où ni comment
Les hirondelles sont venues.
On ne sait pas d'où ni comment.

———

A MARGUERITE.

ENVOI.

I

Belle au teint d'or, à bouche grande,
Montrant des dents d'un blanc rêvé,
Sous l'œil de velours en amande,
A la chinoise relevé,
O la plus douce entre les belles !
Perle fine aux tendres lueurs,
A toi ce beau chant d'hirondelles,
D'amour, de soleil & de fleurs !

II

Incomparable Marguerite,
Vivons ! tâchons de prendre au vol
Ces jours d'aimer filant plus vite
Qu'hirondelles rasant le sol ;

Emparons-nous des jours de fête
Qui jamais plus ne reviendront!
L'inſtant ſeul de tourner la tête,
Les hirondelles partiront.

CHŒUR.

Aux premières feuilles flétries
Les hirondelles partiront :
Quand reverdiront les prairies
Les hirondelles reviendront.

III

Donc, ma tant douce, ô ma petite!
Aux premiers friſſons des beaux jours,
Quand l'hirondelle, filant vite,
Ira chercher d'autres amours,
De ces frileuſes hirondelles
Imitant l'inſtinct lumineux,
Nous les ſuivrons, fuyant comme elles,
Au bleu pays des amoureux.

ÉPILOGUE.

Mais ſur la tour démantelée
Où reluit là-bas or & ſang,

La vigne vierge échevelée,
Le corbeau paſſe croaſſant...
Les hirondelles aſſemblées
Sur les débris tiennent conſeil...
Les voilà toutes envolées
Ces amoureuſes du ſoleil.

CHOEUR.

Aux premières feuilles jaunies
Fuyant l'azur du firmament,
Les hirondelles ſont parties :
On ne ſait pas où ni comment
Les hirondelles ſont parties.

LA VENDANGE

> Plenis spumat vindemia labris.
> (Virg.)

ux *pays que le pampre dore,*
La vendange débordera,
Le grenier sous le grain ploîra.
Chantons la vendange & l'aurore!

I

J'ai rêvé qu'au vieux firmament,
Les comètes ensorcelées,
Ivres-mortes, cheveux au vent,
Dansaient des courbes étoilées.
Et j'ai vu sous les pieds de Dieu,
Pour nos pressoirs & pour nos granges,
Epis dorés, rouges vendanges,
Ruisseler de leurs flancs de feu.

Aux pays que le pampre dore,
La vendange débordera,

Le grenier sous le grain ploîra.
Chantons la vendange & l'aurore!

II

Plus incliné vers l'horizon,
Le soleil a perdu sa force;
La vigne en sa mâle saison
Montre son fruit & son écorce.
Vive le vin, l'air & le feu!
Qu'on apporte les tonneaux vides,
Pour serrer les rayons liquides
De l'astre qui nous dit adieu!

III

Dans ton caveau, dans ton cellier,
Dès l'heure où le ciel se colore,
Le bras levé, franc tonnelier,
Fais tonner ton tonneau sonore!
Et vous, par les champs & les prés,
Des hameaux & des grandes villes,
Accourez, vendangeurs agiles,
Pour cueillir les raisins pourprés!

Aux pays que le pampre dore,
La vendange débordera,

Le grenier sous le grain ploîra.
Chantons la vendange & l'aurore!

IV

Le ciel a comblé nos sillons,
Et si l'épi jaunit la grange
Le raisin rougit les poinçons;
Après la moisson, la vendange.
Des pieds, des mains, jusques aux flancs,
Gens du pressoir, foulez la grappe;
Coupeurs, coupez, que rien n'échappe;
Coupez raisins, rouges & blancs!

V

Tout fuit aux cris des vendangeurs:
Là, c'est un lièvre qui se lève;
Puis, comme un vent sur les hauteurs,
La bartavelle qui s'enlève.
Plus loin, des bras d'un franc vaurien
Une grosse fille s'échappe;
Elle s'enfuit pour qu'il l'attrape
Aux buissons qu'elle connaît bien.

VI

Allons! partons! tout est fini.
Le soleil, plus mélancolique,

Sur les sommets du bois jauni
S'en va posant son œil oblique.
Les vaches vont la tête au vent :
On les voit se pendant aux branches,
Passer rousses, noires & blanches.
Le pâtre chante en les suivant.

Aux pays que le pampre dore,
La vendange débordera,
Le grenier sous le grain ploîra.
Chantons la vendange & l'aurore !

VII

Ils sont partis par les grands bois,
Chacun lutinant sa chacune,
Petits & grands, tous à la fois,
S'en vont roulant au clair de lune ;
Et pour sauver ses blancs tétins,
En luttant, plus d'une Jeannette
Laissera tomber sa cornette,
Et son honneur, & ses raisins.

VIII

Vendangeurs, la cuve a chanté,
Et, cuit à point, le vin ruisselle.

La Vendange.

Buvez, mangez en liberté.
Dressons la table universelle.
J'aperçois là-bas Jean Raisin
Debout. *Dans l'éclat de l'aurore,*
Il chante d'une voix sonore,
Avec son vieil ami le Pain.

Aux pays que le pampre dore,
La vendange débordera ;
Le grenier sous le grain ploîra,
Chantons la vendange & l'aurore.

NOVEMBRE.

A mon ami Henry CHENU.

PROLOGUE.

I

IRANT *au-dessus des nuages,*
Dans le froid bleu du firmament,
Cigognes & canards sauvages
Passent triangulairement.
C'est que déjà l'hiver approche;
Chaque jour, le soleil qui fuit
Vers le sud, en fuyant, décoche
Ses rayons d'un arc plus réduit.

O douce & clémente Nature!
Par le froid noir, par le froid bleu,
Ne laisse pas sous la toiture
La couchette sans couverture,
L'arche sans pain, l'âtre sans feu!

II

Cailles & grives sont parties!!
Par bataillons les étourneaux

Tourbillonnent sur les prairies,
Et les blés verts, noirs de corbeaux.
Les premières blanches gelées
Argentent les prés, les guérets,
Où vont s'abattre par volées
Les linots, les chardonnerets.

III

Au fond des forêts dégarnies,
L'air a plus de sonorité;
Geais criards & bavardes pies
Y font plus grand bruit qu'en été.
Parfois encor, le ciel s'avive
De chauds rayons, de clair azur,
Mais la vigne, or & pourpre vive,
Ne montre plus son raisin mûr.

IV

Du creux du val à la colline,
Le long des bois & des sentiers,
Le fruit grenat de l'aubépine
Se mêle au fruit des pruneliers.
Le tonneau plus déjà ne sonne
Sous le maillet des tonneliers,
Et de la cuve, par la tonne,
Les vins sont rentrés aux celliers.

V

Le fil blanc de la Vierge passe
Flottant dans les airs attiédis ;
Il s'éparpille dans l'espace
Et s'accroche aux buissons jaunis.
Aux cimes des bois qui rougissent,
Aux bouleaux dont les feuilles d'or
Sous l'azur doucement frémissent,
La saison semble belle encor.

VI

Dans une brume rose orange,
Hier, le soleil rouge ardent
Enflammait d'un éclat étrange
Toutes les rives d'occident.
Avivant de lueurs sanglantes
Les vitres des éloignements,
Et les ondes étincelantes
Du reflet feu des diamants.

VII

Et quand il s'en allait dans l'onde,
On vit, à l'orient serein,
Apparaître la lune blonde,
La grande lune dans son plein...

Si qu'aux deux bouts d'un arc immense,
Blonde lune & luisant soleil
Semblaient deux plateaux de balance,
L'un d'argent fin, l'autre en vermeil.

ÉPILOGUE.

Ruisselant de l'autre hémisphère,
Ce dernier, chaud baiser doré,
Semblait dire à la froide terre :
Espère en moi ! je reviendrai...
Mais que toute sève s'enferme
Au cœur de l'arbre ou du bourgeon ;
Qu'il pleuve, neige ou gèle ferme,
Chênes, dormez ! C'est la saison.

O douce & clémente nature !
Par le froid noir, par le froid bleu,
Ne laisse pas sous la toiture
La couchette sans couverture,
L'arche sans pain, l'âtre sans feu !

LA

CHANSON DE KÉROUZERAI

PROLOGUE.

E ma voix la plus attendrie
Je veux chanter, je chanterai
La chanson de Kérouzerai,
Chanson de flots, de grève & de lande fleurie.

Simplement je la chanterai
A toutes les herbes marines
Qui fertilisent les collines
Et les champs de Kérouzerai.
La lande verte, aux grèves grises,
Par ses fleurs d'or, la redira;
Les flots chanteurs, aux folles brises :
Et la brise l'emportera.

De ma voix la plus attendrie
Je veux chanter, je chanterai
La chanson de Kérouzerai,
Chanson de flots, de grève & de lande fleurie.

LE CHATEAU DE KÉROUZERAI.

I

C'est la chanson d'un château fort,
Haut crénelé! dardant sa tête
Dedans la brise & la tempête,
Le dos au sud, la face au nord,
Est & ouest, étendant ses ailes,
Sous le ciel gris superbe à voir,
Avec ses tours & ses tourelles,
D'où les hiboux sortent le soir.

Dans ce vieux château vide, où règne le silence,
On se sent libre quand on pense
A tous les blasons effacés,
A tous les tyrans trépassés,
Justiciers, rançonneurs & dresseurs de potence.

II

Nous sommes là plusieurs amis
A regarder le temps qui passe,
Les uns pêchant, quand l'autre chasse,
Le soir, à table réunis...

Tandis qu'en la prochaine églife
Gît le dernier Kérouzerai,
Imagé fur fa tombe grife,
Couché deffous, fcellé, muré.

III

Kérouzerai, dit-on, jadis
En frappant d'eftoc & de taille,
Sortit vainqueur d'une bataille
Qui chaffa l'Anglais de Paris.
Mais on ne dit pas dans l'hiftoire
De ce pendeur de braconniers,
Que fes vaffaux payaient fa gloire
Avec leur fang & leurs deniers.

Dans ce vieux château vide, où règne le filence.
On fe fent libre quand on penfe
A tous les blafons effacés,
A tous les tyrans trépaffés,
Jufticiers, rançonneurs & dreffeurs de potence.

IV

Quand furvient l'arrière-faifon,
Dans les rafales déchaînées,
On entend par les cheminées
Le vent, la mer & le canon.

Sous les portes, sous les fenêtres,
Avec la bête sous l'auvent,
L'âme en peine des anciens maîtres
Pleure & sanglote dans le vent.

Dans ce vieux château vide, où règne le silence,
On se sent libre quand on pense
A tous les blasons effacés,
A tous les tyrans trépassés,
Justiciers, rançonneurs & dresseurs de potence.

V

Les murs ont dix pieds d'épaisseur;
La nuit on entend dans les salles
Des bruits d'armures sur les dalles.
Tout à coup, dans une lueur,
On voit un homme qui s'avance
Sur l'échafaud tendu de noir;
Un autre pend à la potence :
On voit tout cela sans rien voir.

VI

Hier, rentrant du cabaret,
Où j'avais bu tout le dimanche,
J'ai cru voir une femme blanche
Dans les flammes du vin clairet.

C'est elle, dit-on, qui protége
Et reconduit à leur logis,
Par le vent, la pluie ou la neige,
Les poètes & les gens gris.

Dans ce vieux château vide, où règne le silence,
On se sent libre quand on pense
A tous les blasons effacés,
A tous les tyrans trépassés,
Justiciers, rançonneurs & dresseurs de potence.

VII

J'aperçois une autre lueur;
Voici l'aube! Une chanson pure,
Plus douce que l'eau qui murmure,
Monte limpide en sa fraîcheur;
C'est Olive la jardinière,
Et son refrain de bon aloi,
Vrai souvenir de la bruyère,
Et je l'écoute malgré moi.

Dans ce vieux château vide, où règne le silence,
On se sent libre quand on pense
A tous les blasons effacés,
A tous les tyrans trépassés,
Justiciers, rançonneurs & dresseurs de potence.

VIII

Vieille ruine du passé,
Dans les flots de ta solitude,
Le poète en sa quiétude
Aime à tremper son cœur lassé.
En chantant, le présent lui verse
La haine du mal à plein bord ;
L'avenir doucement le berce,
L'espoir lui rit, le vent l'endort.

IX

Laboureurs, creusez vos sillons ;
Chasseur, suis ton lièvre à la trace,
Loin de la justice haute & basse
Des ducs, comtes & hauts barons
Les rois de ce vieux nid de pierre
Ont chassé l'aigle & le vautour,
Le peuple, au jour de sa colère,
Chasse les rois ; chacun son tour.

Dans ce vieux château vide, où règne le silence,
    On se sent libre quand on pense
      A tous les blasons effacés,
      A tous les tyrans trépassés,
Justiciers, rançonneurs & dresseurs de potence.

L'ALENTOUR DE KÉROUZERAI.

I

Laissons les rêves de côté,
Les chevaliers, les châtelaines,
Les pendus & les bruits de chaînes,
Rentrons dans la réalité.
Au lieu de vous faire apparaître
Les vieilles choses d'autrefois,
Ouvrons franchement la fenêtre
Et décrivons ce que je vois.

De ma voix la plus attendrie
Je veux chanter, je chanterai
L'alentour de Kérouzerai,
Chanson de flots, de grève & de lande fleurie.

II

Par la fenêtre on voit la mer,
A l'horizon la voile penche,
La mer est verte, ou bleue, ou blanche,
Selon le ciel plus ou moins clair.
Avec ses goëlands dans la brise,
De cap en cap formant un arc,

La grève est là, le flot s'y brise
Sur les rocs noirs, près d'un grand parc.

III

Le ciel est rouge, il ventera;
Voici le flot, le vent se lève;
Les vaches montent de la grève,
Le reflux les ramènera...
Traînant le goëmon sur la dune,
Bêtes & gens, tout est en l'air :
C'est aujourd'hui la pleine lune,
Et nous aurons la grande mer.

IV

Dans les longs filets dégorgeants
Parmi l'herbe & les coquillages,
On voit sur le sable des plages
Frétiller les poissons changeants.
Les grandes barques échouées
Regardent le soleil levant;
Les petites vont renflouées,
Cap au large & serrant le vent.

De ma voix la plus attendrie
Je veux chanter, je chanterai

L'alentour de Kérouzerai,
Chanſon de flots, de grève & de lande fleurie.

v

Déjà les beaux jours ſont finis,
Voilà novembre qui s'avance,
Je perds comme un peu l'eſpérance
En regardant les bois jaunis.
On entend les chanſons lointaines
Du pâtre aſſis ſur le rocher;
Le vent ſe plaint dans les grands chênes
Où les corbeaux viennent coucher.

De ma voix la plus attendrie
Je veux chanter, je chanterai
L'alentour de Kérouzerai,
Chanſon de flots, de grève & de lande fleurie.

ADIEUX A KÉROUZERAI.

I

Mais voici poindre au ciel bleu-noir,
Du ſein de la nue enflammée,
Comme un regard de bien-aimée,
La tremblante étoile du ſoir.

Salut à vous, fraîches soirées,
Rouge Occident, soleil éteint,
Dernières lueurs empourprées
De l'été de la Saint-Martin.

De ma voix la plus attendrie
Je veux chanter, je chanterai
Mes adieux à Kérouzerai,
Chanson de flots, de grève & de lande fleurie.

II

La nuit se fait, l'air est plus froid :
J'entends craquer la feuille morte
Que le vent du nord-est emporte ;
J'ai des frissons, un vague effroi.
Voici la lune qui se lève
Illuminant toute la mer,
La lande, la dune, la grève :
On se rassure en voyant clair.

III

Ce matin, le givre aux buissons
S'accroche, & pend ; j'ai l'âme en peine :
Comme les feuilles du vieux chêne
Le givre glace les chansons.

Prends ton manteau, muse frileuse,
Je connais les chemins vermeils
De l'hirondelle aventureuse :
Allons chercher d'autres soleils.

De ma voix la plus attendrie
Je veux chanter, je chanterai
Mes adieux à Kérouzerai,
Chanson de flots, de grève & de lande fleurie.

IV

Clochers dentelés du lointain,
De Saint-Pol, Plougoulm, Sibirille,
Phare de Batz, au bout de l'île,
Allumé du soir au matin,
Et vous aussi, grèves sauvages,
Attendez-moi, je reviendrai
Rêver encor sous les ombrages
Du grand parc de Kérouzerai.

CHOEUR.

De ma voix la plus attendrie
C'est ainsi que je finirai
La chanson de Kérouzerai,
Chanson de flots, de grève & de lande fleurie.

L'ÉTANG

RUSTIQUE SYMPHONIE.

A' Alexandrine MATHIEU.

I

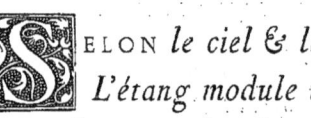ELON *le ciel & la saison,*
L'étang module une chanson,
　Facile à comprendre,
Quand on va par un doux matin
Dans le serpolet & le thym
　S'asseoir ou s'étendre...
C'est là qu'on peut s'en inspirer
Et fraîchement la respirer,
　La voir & l'entendre.

CHOEUR.

C'est la chanson des calmes eaux,
Des joncs mouvants, des clairs feuillages,
Du vent pleurant dans les roseaux,
De la brume & des gais ramages.

L'ÉTANG.

I

Reflétant toutes les couleurs,
L'étang sous l'herbe & sous les fleurs
  Apparaît splendide,
Entouré d'éclatants bouleaux,
De saules plongeant leurs rameaux
  Au miroir limpide
De l'eau, qui du plus loin paraît
Si vive à l'œil, qu'on la prendrait
  Pour argent liquide.

Il fait bon par un petit vent
Voir ce calme étang qui s'irise
A l'heure où le soleil levant
Boit à longs traits la brume grise.

Quand il se dégage des fleurs,
Des joncs, de l'herbe & des feuillages,
On voit passer dans ses lueurs
Oiseaux, poissons & doux nuages.

L'Étang.

II

Le milan plane sur ses eaux
Fouillant de l'œil les longs roseaux
   Où le serpent nage...
Le crapaud fait celui qui dort,
Guettant la mouche sur le bord,
   Qu'il happe au passage...
D'œil & de corne menaçants,
Des taureaux roux sont là paissants
   Dans le marécage.

III

On voit ces superbes taureaux
Sur le midi, dans les roseaux,
   Battre de leur queue,
Battre toujours & battre encor
Le taon piquant, la mouche d'or,
   Et la mouche bleue.
Quand ils mugissent sur l'étang,
L'alentour tremble, on les entend
   Mugir d'une lieue.

CHOEUR.

Aspirant des éloignements,
Les génisses qu'ils ont senties,
Ils tirent ces mugissements
De leurs génitales parties.
Libres au marécage, épointant les roseaux,
A vos lointains désirs mugissez, fiers taureaux!...
Mais voilà tout à coup qu'ils s'arrêtent de paître,
Se tournant au soleil, qui va bientôt paraître.

Il fait bon par un petit vent
Voir ce calme étang qui s'irise
A l'heure où le soleil levant
Boit à longs traits la brume grise.

STELLA MATUTINA.

Cependant que l'eau, les buissons
S'animent des tièdes frissons
  D'une brise égale,
Et qu'au ciel rose & lumineux,
De doux nuages floconneux,
  Dentelés d'opale,

L'Étang.

Vont lentement moirant l'azur
Où navigue le croissant pur
   De la lune pâle,

Voici qu'à l'horizon lointain,
Brillant à travers la clairière,
La pâle étoile du matin
Vient de s'éteindre la dernière.

Là bas! s'élançant des grandes moissons,
L'alouette active a percé la nue
Par delà l'azur à perte de vue,
Modulant, roulant ses longues chansons
Par delà l'azur à perte de vue.

LE SOLEIL.

I

Le soleil, de pourpre & de feux
Couronnant là-bas les monts bleus,
   Criblant les ramures,
S'avance rouge & radieux.
Ses rayons d'or rayant les cieux,
   L'onde & les verdures
Faisant en jets éblouissants
Jaillir des grands bois frémissants
   Parfums & murmures.

Partout la rosée, aux feux du levant,
Par ses gouttes d'or & ses gouttelettes
Scintille & reluit, dans l'éclat mouvant
Des petits gazons, des fleurs, des fleurettes.
Et toujours planant dessus les moissons,
La vive alouette a percé la nue,
Modulant, roulant ses longues chansons
Par delà l'azur à perte de vue.

Libres au marécage, épointant les roseaux,
De lumière inondés, mugissez, fiers taureaux;
Et vous, frais rossignols, chantez sans paix ni trêve,
Célébrez tous en chœur ce soleil qui se lève.

Dans ce concert divin de sons & de couleurs,
De parfums enivrants, tout d'amour & de joie,
Vieux pommier rose & blanc, dont le branchage ploie
Sous le faix parfumé de ces touffes de fleurs,
Chante avec eux aussi le soleil qui se lève
Au chant du rossignol chantant sans paix ni trêve,
Aux longs mugissements de ces libres taureaux
Jusqu'au fanon dans l'herbe, épointant les roseaux.

Allant, venant d'aile légère,
Les hirondelles, par milliers,

Vont rasant les petits sentiers,
Les eaux, les prés & la bruyère.

Il fait bon, par un petit vent,
Voir le calme étang qui s'irrise,
A l'heure où le soleil levant
Boit à longs traits la brume grise.

Quand l'eau se dégage des fleurs,
Des joncs, de l'herbe & des feuillages,
On voit passer, dans ses lueurs,
Oiseaux, poissons & doux nuages.

MAI.

I

Pâquerettes, myosotis,
Aubépins & genêts fleuris,
  Le thym & la menthe
Entourent ce vivant tapis
Aux nénuphars épanouis.
  Dessus l'eau dormante,
Dardant ses petits chalumeaux,
Ses joncs pointus, ses longs roseaux,
  Où la brise chante.

II

Soir & matin, quand il fait beau,
La sarcelle, la poule d'eau,
Le canard sauvage,
Ailes en l'air & s'ébattant,
Vont promenant sur le mitan
Leur beau clair plumage,
Cependant que la nuit, le jour,
Les grenouilles de l'alentour
Mènent grand tapage.

Mais ces grenouilles croassant,
Qui sont là toujours aux écoutes,
Sur les talus, sur le mitan,
Au moindre bruit se taisent toutes.

CHŒUR.

Quand l'eau se dégage des fleurs,
Des joncs, de l'herbe & des feuillages,
On voit passer dans ses lueurs
Oiseaux, poissons & doux nuages.

L'Étang.

Vive le temps du renouveau,
Où tout renaît dans la nature :
Oiseaux aux bois, poissons dans l'eau
Et fleurettes dans la verdure !

III

Le renouveau boit les brouillards,
Épanouit les nénuphars,
 Les chants, les ramages,
Et tire du fond des forêts,
Des roseaux, des prés, des guérets,
 Ces rumeurs sauvages
De chevaux soudain hennissant,
Taureaux longuement mugissant
 Du fond des pacages.

IV

Aux alentours des bois, des champs,
Les couleurs, les parfums, les chants
 Entre eux se confondent.
La menthe mêle ses senteurs
Au doux chant des roseaux trembleurs,
 Où les cannes pondent ;

Aux cris ſtridents des martinets,
A la voix des roſſignolets
Les coucous répondent.

Vive le temps du renouveau,
Où tout renaît dans la nature :
Oiſeaux ſous bois, poiſſons dans l'eau
Et fleurettes dans la verdure !

CHANSON DES PATURAGES.

Tout là-haut ! là-haut ! le ramier roucoule ;
On voit dedans l'eau les bouleaux tremblants,
Et les genêts d'or, & le ciel qui roule
Les joncs & les fleurs, les aubépins blancs.
Tout là-haut ! là-haut ! le ramier roucoule.

Bouvreuils, pinſons, chardonnerets,
Linots, roſſignolets, fauvettes
Aux vives couleurs des fleurettes
Mêlent leurs chants, & des guérêts
Par inſtants la caille rappelle ;
Sur l'eau, la vive demoiſelle

L'Étang.

Vient & revient; sans s'arrêter,
Le coucou se prend à chanter.

Tout là-haut! là-haut! le ramier roucoule;
On voit dedans l'eau les bouleaux tremblants
Et les genêts d'or, & le ciel qui roule
Les joncs & les fleurs, les aubépins blancs.
Tout là-haut! là-haut! le ramier roucoule.

II

Oh! qu'il est doux de s'arrêter
Pour la caresser sous l'ombrage,
Cette chanson du pâturage
Qui vous contraint de l'écouter;
Cependant que la tiède brise,
Crespelant l'onde qui s'irrise,
Vous apporte en pleine saison
Ses bons parfums de fenaison.

Et là-haut! là-haut! le ramier roucoule;
On voit dedans l'eau les bouleaux tremblants
Et les genêts d'or, & le ciel qui roule
Les joncs & les fleurs, les aubépins blancs.
Tout là-haut! là-haut! le ramier roucoule.

III

Du rossignol le chant si beau
Vibre à peine sous la clairière ;
Le coucou commence à se taire :
Il est passé le renouveau.
Las ! mai n'est plus & juin s'achève ;
Salut, printemps ! adieu, beau rêve !
Les blés sont grands ! Sur la hauteur
Déjà la vigne a passé fleur.

Tout là-haut ! là-haut ! le ramier roucoule ;
On voit dedans l'eau les bouleaux tremblants,
Les joncs & les fleurs, & le ciel qui roule ;
Plus de genêts d'or, plus d'aubépins blancs ;
Mais là-haut encor le ramier roucoule.

Du rossignol le chant si beau
Ne vibre plus sous la clairière ;
Le coucou va tantôt se taire :
Il est passé le renouveau.
Las ! mai n'est plus & juin s'achève.
Salut, printemps ! adieu, beau rêve !
Redescent le chemin vermeil
Des jours plus courts ; adieu soleil.

JUILLET.

I.

Les hirondelles, par milliers,
Allant, venant, d'aile légère
Vont rasant les petits sentiers,
Les eaux, les blés & la bruyère.

Partout s'élançant des hautes moissons,
L'alouette active a percé la nue,
Modulant, roulant ses longues chansons
Par delà l'azur, à perte de vue.

II

De fleurs, d'insectes radieux,
Blancs papillons, papillons bleus,
    Tout l'étang rayonne,
Et sur ce qui pousse & fleurit,
Ce monde voltige & reluit,
    Pépite ou bourdonne;
Mais tout ce fracas, qui renaît
Plus vif quand le soleil paraît,
    Cesse quand il tonne.

III

Là, c'est à qui se mangera,
A qui plus vite subira
   La loi d'harmonie.
Le plus faible, acceptant son sort,
Se précipite dans la mort,
   Comme avec l'envie
De s'épurer par changement,
Dans cet éternel mouvement
   De mort & de vie.

IV

Puis, c'est à qui mieux s'aimera,
A qui mieux mieux s'esquivera,
   Et tout cela grouille :
Soleil pour tous, chacun pour soi.
Tout animal, suivant sa loi,
   Vit & se débrouille ;
Le milan mange le serpent,
Le serpent, nageant ou rampant,
   Mange la grenouille.

L'Étang.

Et là cependant, nuit & jour,
Un immense concert d'amour
Monte des eaux & du feuillage,
Réjouissant tout l'entourage.

I

De fleurs, d'insectes radieux,
Blancs papillons, papillons bleus,
 Tout l'étang rayonne,
Et sur ce qui pousse & fleurit
Ce monde voltige & reluit,
 Croasse ou bourdonne;
Mais tout ce fracas, qui renaît
Plus vif quand le soleil paraît,
 Cesse quand il tonne.

AVANT L'ORAGE.

Déroulant sur l'azur leurs masses enivrées
De tons rouges & gris & de teintes cuivrées,
Les nuages plus noirs s'avancent lentement,
De tous les coins du ciel couvrant le firmament;

Prêts à s'entrechoquer, voilà qu'ils se rapprochent,
Et de leurs profondeurs de prompts éclairs décochent
A l'horizon sanglant leurs longs zigzags de feu,
Levant la tête en l'air, plus le moindre coin bleu.

Dans l'air embrasé les fleurs se flétrissent,
Et sur leurs rameaux les feuilles languissent;
Tous les animaux vont filant sous bois,
Où, des geais criards, on entend les voix.

Du fond des marais les taureaux mugissent,
Aux prés s'effarant les chevaux hennissent;
Faneuses, faucheurs accourant de loin,
Viennent se blottir aux meules de foin.

L'hirondelle perdue au-delà du nuage
Va retremper son aile aux fraîcheurs de l'orage;
Plus d'insectes ailés voltigeant sur l'étang,
Le sol sec s'entre-bâille & la nature attend,
Du soleil disparu, le lézard qui s'ennuie
S'est blotti dans son trou; mais appelant la pluie,
Les canards assemblés, se répondant de loin,
Vont troublant les roseaux de leur joyeux couin-couin!!

PENDANT L'ORAGE.

La pluie, un instant tombe en larges gouttes,
Faisant crépiter d'aise & de plaisir
Les feuilles, les fleurs, qui frémissent toutes
Sous les frais baisers d'un petit zéphyr.

Dans l'air plus étouffant, sous le ciel qui s'embrouille
Et gronde sourdement, le cri-cri, la grenouille
Sur le mitan des eaux, sur les petits talus,
Prudemment abrités déjà ne chantent plus.
Les geais & les coucous finissent par se taire;
Mais un âne soudain vient de se prendre à braire,
Et par tout l'horizon, avalant les éclairs,
Des roulements lointains font retentir les airs.

Et la pluie encor tombe à larges gouttes,
Faisant crépiter d'aise & de plaisir
Les feuilles, les fleurs, qui frémissent toutes
Sous les frais baisers d'un petit zéphyr...

Du fond du marais les taureaux mugissent,
Aux prés s'effarant, les chevaux hennissent;

Faneufes, faucheurs, accourant de loin,
Viennent fe blottir aux meules de foin.

Traçant des zigzags, l'éclair écarlate
Succède à l'éclair; tout le ciel éclate,
Et voilà qu'il crève & fe fond en eau,
Faifant un torrent de chaque ruiffeau.

Cla! cla! cla! cla! cla! l'éclair écarlate
Succède à l'éclair; tout le ciel éclate;
Aux feux fucceffifs de ces prompts éclairs
Les troncs des bouleaux paraiffent plus clairs.

Du fond des marais les taureaux mugiffent;
Aux prés s'effarant, les chevaux henniffent.
Tout le ciel crevant fe fond de nouveau,
Faifant un torrent de chaque ruiffeau.

Traçant des zigzags, l'éclair écarlate
Succède à l'éclair; tout le ciel éclate.
La pluie auffitôt s'arrête... & foudain
On entend le chant d'un pâtre au lointain.
Et ce chant rhythmé d'une voix plaintive,
D'échos en échos tout frais vous arrive.

APRÈS L'ORAGE.

Puis le noir s'en va, l'azur reparaît ;
Sur l'immense étang la chanson renaît.

Lançant des feux de pierreries,
Martin-pêcheur, au vol ardent,
En rasant les ondes fleuries
A jeté son ki-ki *strident.*
Plus loin, c'est un merle qui passe ;
A peine a-t-on le temps de voir,
Tant vite il a coupé l'espace,
Son bec d'or, son plumage noir.

De tous les côtés, la prompte hirondelle
Dans l'air & sur l'eau passe à tire d'aile ;
Déjà s'élançant de l'or des moissons,
L'alouette active a percé la nue,
Modulant, roulant ses longues chansons,
Par delà l'orage, à perte de vue,
Modulant, roulant ses longues chansons.

Et la pluie a mis, par ses goutelettes,
Aux rameaux mouillés, comme des aigrettes,

Endiamantant d'un reflet vermeil
Toute la feuillée aux feux du soleil,
Qui, plus chaud encor pour régner en maître,
Ruisselant partout, vient de reparaître,
Faisant dans l'air frais, & le ciel plus pur,
De ses vifs rayons pétiller l'azur,
Et de tous côtés, la prompte hirondelle
Dans l'air & sur l'eau passe à tire d'aile.

Reprenant doucement vos limpides couleurs,
Rentrez dedans vos lits, petits ruisseaux rageurs,
Et du sol altéré sur vos tiges flétries,
O fleurs! redressez-vous dans l'herbe des prairies;
Petits vents crespelant la surface des eaux,
Buvez, chantez en chœur à travers les roseaux.

Bois aussi, grand soleil, largement, sans vergogne,
Bois par tous tes rayons, inextinguible ivrogne,
Sur les talus mouillés, dans les joncs, sur les fleurs,
Dans la feuillée où sont tous les oiseaux chanteurs;
Et secouez pour lui vos cimes arrosées,
Chênes, vieux receleurs de pluie & de rosées.
De vos lugubres trous sortez, petits lézards,
Chantez, rossignolets, & taisez-vous, canards,

L'Étang.

Vos couins-couins *éternels, appelant les nuages,*
Semblent nous préparer quelques nouveaux orages.

Mais, voici que là-bas la foudre a fracassé
Cet orme au front superbe, au tronc tout crevassé,
Un faucheur s'abritant sous sa vaste ramure
Est tombé foudroyé, le front dans la verdure,
Près de sa faux qui luit; dans l'arbre, à plein gosier
Une fauvette chante à vous émerveiller.

Par la foudre roidi, sur l'herbe encore humide,
Il dort à tout jamais ce faucheur intrépide,
Et sa femme, peut-être, au village prochain,
D'enfants blonds entourée, attend son gagne-pain!
Le Dieu grand, qui, dit-on, dirige le tonnerre,
Pour rien, par pur caprice, a foudroyé ce père!!!

Mais, rentrés dans leur lit, les ruisselets rageurs
Ont repris tout à coup leurs limpides couleurs;
La terre a bu son soûl, & les fleurs rafraîchies
Ont redressé le front dans l'herbe des prairies.

   Salut, derniers beaux jours d'été;
   Juillet n'est plus, août s'achève;
   Vous avez passé comme un rêve
De parfums, de couleurs & de sonorité.

Voici venir la grave Automne
A califourchon sur sa tonne;
Dans les rayons & sous l'azur,
Par les rameaux, par le fruit mûr,
Toute la nature s'avive
D'or, de carmin, de pourpre vive.

Et toujours le soleil qui fuit
Vers le Sud, en fuyant, décoche
Ses rayons d'un arc plus réduit :
C'est que déjà l'hyver approche.

Sèves, arrêtez-vous ! neiges des longs hivers,
Gardez de l'âcre froid les seigles, les blés verts,
Et des bords du vallon jusqu'à l'âpre colline
Réchauffez les vieux ceps sous vos manteaux d'hermine.

Tout l'étang se trouble & grossit,
Le vert s'en va, tout se flétrit,
   Les feuilles rougissent;
Sur le mitan, sur les talus,
Les grenouilles ne chantent plus,
   Les roseaux jaunissent.

L'Étang.

Puis tout blanchit, tout semble mort,
Sous le souffle glacé du Nord
   Les eaux se durcissent.

II

A l'heure où le soleil descend,
Son rouge éclat va rougissant,
   Rameaux, givre & glace.
On voit passer de toutes parts
De longs triangles de canards
   Tirant dans l'espace.
Sur les bords de l'étang désert,
Le loup rôdeur hurle, & dans l'air
   Le corbeau croasse.

ÉPILOGUE
—

LA LÉGENDE DE L'ÉTANG.

Un jour pour courir à l'étang,
Un jeune enfant choisit l'instant
   Ou dormait sa mère,

S'esquiva de son petit lit
Comme un criminel, & sans bruit,
   D'une main légère,
Ouvrit la porte & mi-vêtu,
Descendit d'un pied suspendu
   L'escalier de pierre.

Et le voilà dès le matin,
Sans avoir souci de sa mère,
Bondissant comme un petit daim,
A travers les fleurs du parterre.

Trouva la porte du jardin,
Sur les champs & le bleu lointain,
   Toute grande ouverte,
Et le voilà courant les nids,
Les papillons, les lézards gris,
   La grenouille verte.
Enfants, vous allez voir comment
Ce mauvais petit garnement
   Courait à sa perte.

Petits enfants n'approchez pas,
Quand vous courez par la vallée;

L'Étang.

*Du grand étang qui luit là-bas
Dans le brouillard, sous la feuillée.*

*L'enfant négligeant les sentiers,
Nu bras, nu tête & sans souliers,
 Foulant l'herbe humide
Sous les rayons & les lueurs,
A travers abeilles & fleurs,
 Tout seul & sans guide,
Soulevant sous ses petits pieds,
De beaux insectes par milliers,
 S'en allait rapide.*

LA BERGERONNETTE.

I

*Il vit un oiseau voletant,
Hochant la queue & becquetant
 Mouches sur l'herbette ;
Un bel oiseau gris argenté,
De petits points blancs moucheté,
 Brun de collerette...
Ce bel oiseau qui voletait
En faisant* quit quit quit, *c'était
 La bergeronnette.*

Comme lavandière, sa sœur,
Qui vole autour des lessivières,
Bergeronnette n'a pas peur
Des blancs moutons & des bergères.

II

L'enfant suivit par les chemins,
Du creux de ses petites mains,
        La bergeronnette.
Bergeronnette voletant,
Sur elle-même viretant
        Toute guillerette,
S'abattit sur un grand troupeau
Que gardait au pied d'un bouleau
        Une bergerette.

Comme lavandière, sa sœur,
Qui vole autour des lessivières,
Bergeronnette n'a pas peur
Des blancs moutons & des bergères.

III

Debout sous le bouleau tremblant,
En jupon rouge, en calot blanc,
        La blonde bergère

L'Étang.

Se tenait droite à son fuseau,
Parmi les fleurs du bord de l'eau,
   Pieds dans la bruyère...
Bouleau, moutons, bergère & fleurs
Se mirant aux douces lueurs
   D'une mare claire.

IV

Le petit gars toujours allant,
Poursuit par le troupeau bêlant
   La bergeronnette.
Bergeronnette voletant,
Faisant quit, quit, quit, *en partant,*
   Sans être inquiète,
De vol en vol au bord de l'eau,
Se posa sous le frais bouleau,
   Près la bergerette.

Comme lavandière, sa sœur,
Qui vole autour des lessivières,
Bergeronnette n'a pas peur
Des blancs moutons & des bergères.

V

Main mi-fermée, à pas de loup,
L'enfant s'approche & pour le coup
  Croit qu'il va la prendre.
La bergère, en riant, lui dit :
Je sais un moyen, mon petit,
  Que je veux t'apprendre :
C'est de mettre aux oiseaux du ciel
Droit sur la queue un grain de sel,
  Pour mieux les surprendre.

VI

Le tout petit lors s'arrêta,
Des deux pieds s'impatienta,
  Pourpre de colère.
Bergeronnette au même instant
Vola du côté de l'étang,
  Loin de la bergère,
Qui voyant l'enfant s'emporter,
Se prit de loin à lui chanter
  Comme eût fait sa mère :

Petits enfants n'approchez pas,
Quand vous courez par la vallée,
Du grand étang qui luit là-bas,
Dans le brouillard, sous la feuillée !

L'ENFANT NOYÉ.

I

Ecoutez ce qu'il arriva,
De cet enfant qui s'esquiva
  Du toit de sa mère.
Par ce beau jour, jour sans pareil,
Tout de parfums & de soleil,
  De brise légère ! !
Les doux rossignolets sous bois,
Réjouissant à pleines voix
  La nature entière...

II

Le nez en l'air, la joue en feu,
L'enfant fuyait sous le ciel bleu ;
  Et par la prairie

Quand il eut fait de papillons
Et de bleuets par les sillons
  Sa moisson fleurie ;
Voilà qu'il arrive à l'étang,
Le front mouillé, tout haletant,
  Face épanouie.

Petits enfants, n'approchez pas,
Quand vous courez par la vallée,
Du grand étang qui luit là-bas,
Dans le brouillard, sous la feuillée !

III

La demoiselle aux ailes d'or,
Allant, rasant, rasant encor
  L'onde frissonnante,
Sur un beau nénuphar en fleurs,
Fière de ses vives couleurs,
  Se fixa brillante.
Pour la saisir l'enfant courut,
Prit l'eau pour l'herbe, & disparut
  Sous la fleur tremblante.

Petits enfants, n'approchez pas,
Quand vous courez par la vallée,

L'Étang.

Du grand étang qui luit là-bas,
Dans le brouillard, sous la feuillée !

IV

Quand vint le soir, sa mère en pleurs
Criait aux joncs, criait aux fleurs
  Sa douleur amère !
La fleur en or lui répondit :
Ne pleure plus ton tout petit,
  O ma bonne mère !...
Car j'ai vu l'ange au front vermeil
Qui l'emportait dans le soleil,
  Bien loin de la terre.

Petits enfants, n'approchez pas,
Quand vous courez par la vallée,
Du grand étang qui luit là-bas,
Dans le brouillard, sous la feuillée !

V

Depuis, enfants, quand vient minuit,
Le feu follet danse & reluit
  Sur les bouts de branche.

Et l'on voit glisser sur les eaux,
Sortant du sombre des roseaux,
  Une femme blanche,
Elle vient conter ses douleurs
Aux rameaux d'un vieux saule en pleurs,
  Qui sur l'eau se penche.

Petits enfants, n'approchez pas,
Quand vous courez par la vallée,
Du grand étang qui luit là-bas,
Dans le brouillard, sous la feuillée!

LA PLAINTE DU PATRE

Toujours *rêvant à la meunière,*
Par pluie ou vent, ciel bleu, ciel noir,
Je suis là, du matin au soir,
Debout planté dans la bruyère.
Mes longs cheveux, sous mon chapeau,
Flottant au vent qui les démêle,
Semblent pleurer mon vieux sarreau,
Mon teint hâlé, ma face grêle.

    Coulez, mes pleurs!
    Fleurissez, fleurs!
Les grands yeux noirs de la meunière
Dans ma poitrine ont mis le feu;
Pour sa personne tout entière,
Me faudra-t-il mourir? mon Dieu!

Elle est si belle la meunière,
Un jour de fête, le matin,

Quand elle descend le ravin,
Clocher devant, moulin derrière...
Courte de jupe, & flanc pressé,
Elle va comme une hirondelle,
Le chignon lourd & haut troussé
Entre deux ailes de dentelle.
 Coulez, mes pleurs,
 Fleurissez, fleurs !

II

Dès le matin, sur la colline,
Je viens voir son moulin à vent
Tourner dans le soleil levant,
J'en perds la vue, & ça me mine...
Hier encor, par tous mes yeux,
Sans respirer, j'ai vu paraître
Son bras nu peignant ses cheveux
Dans le pampre de sa fenêtre.
 Coulez, mes pleurs,
 Fleurissez, fleurs !

L'autre jour, j'étais comme un lièvre
Rasé tout près d'un peuplier;

Quand elle a paſſé l'échalier,
Sa jambe m'a donné la fièvre.
C'était pour la première fois!
Pour lui parler je me relève,
Mais ma gorge a ſéché ma voix;
Puis elle a paſſé comme un rêve.
  Coulez, mes pleurs,
    Fleuriſſez, fleurs!

III

L'halbran, le canard, la ſarcelle,
Dans les roſeaux des grands étangs
Battent de l'aile & vont flottants;
Dans les blés, la perdrix rappelle.
Le coucou chante au fond des bois,
Et moi je reſte ſolitaire,
Sans printemps, ſans amour, ſans voix,
Triſte comme un champ de bruyère.
  Coulez, mes pleurs,
    Fleuriſſez, fleurs!

Les grands yeux noirs de la meunière
Dans ma poitrine ont mis du feu;
Pour ſa perſonne tout entière
Me faudra-t-il mourir? mon Dieu!

IV

Mes moutons ont mangé la place
Où je me plante sans m'asseoir,
Pour y rêver & pour la voir,
Mon chien me regardant en face.
Tout s'en va faute de manger,
Berger, moutons, chien qui les veille
Et qui les force à se ranger
Au troupeau maigre qui sommeille.
  Coulez, mes pleurs,
   Fleurissez, fleurs !

Adieu, grands bois ! adieu, meunière !
C'est trop attendre & trop mourir ;
Puisque rien n'a pu t'attendrir,
J'en finirai par la rivière...
La terre a bu, les prés sont saouls ;
Fleurissez, fleurs ! grandis, verdure !
Restez dessus, j'irai dessous
Prier que le printemps vous dure.

LA SYMPHONIE DE LA NUIT.

I

COUCHER DE LUNE.

L'encontre du vieux clocher
　　Dont le coq luit sur le village,
Luna rôde pour se cacher
　　Dans le feuillage.
Un instant, du haut des forêts,
Elle contemple la vallée
Cuivrant de jaunissants reflets
　　L'eau crespelée.

Elle descend rapidement ;
On distingue son nez, sa bouche,
Et dans les branches vaguement
　　Un œil qui louche.

Devant cette face d'argent,
Claire, souriante & mi-pleine,
Tous les arbres vont s'allongeant
   Dessus la plaine.

La pâle étoile, qui la suit
Comme un blanc vaisseau sa nacelle,
Du ciel qui s'avive & reluit,
   Tombe avec elle.
Les dernières jaunes lueurs
Sur les monts lentement s'éteignent,
Les astres, perdant leurs pâleurs,
   Dans l'eau se baignent.

La lune a fini sa chanson,
La terre qui tourne & l'emporte
Vient de l'éteindre à l'horizon,
   La lune est morte.

CHŒUR.

Guettant le retour d'Aurora,
Ma voix claire retentira
Sous la fenêtre parfumée,
Jusqu'à l'heure ou s'éveillera
   La bien-aimée.

A LA BELLE ENDORMIE.

Là-haut, derrière un frais rosier
    Constellé de roses,
Enguirlandant jusqu'au grenier
    Les fenêtres closes,
Elle dort d'un doux sommeiller,
    Ses lèvres descloses
Effeuillant dessus l'oreiller
    Les plus tendres choses.

Rêve divin, tout parfumé
Du souvenir du bien-aimé,
Qui la chante en bas, pieds dans l'herbe,

Guettant l'heure empourprée où son luisant réveil
Fera comme une étoile, au lever du soleil,
De ses longs rayons d'or pâlir ce chant superbe.

II

LA NUIT.

Tout le firmament à nouveau
De fraîches étoiles s'allume,

*On les voit se baigner dans l'eau
D'où monte une bleuâtre brume.*

*Chantons la rosée & la nuit,
Ses vagues bruits & son silence,
Chantons le ver luisant qui luit
Et les astres du ciel immense.*

LA CHANSON DE LA NUIT.

*Des blés mouvants, du thym fleuri,
De l'herbe haute, & fraîche & drue,
Par intervalles, le cri-cri
Mêle sa chanson suraiguë
Au chant du crapaud langoureux,
Mélancoliquement sonore.
Quand soudain devançant l'aurore,
Un cri de coq impétueux
Déchire l'air & monte aux cieux.*

*Gosiers tendus & de voix pleines,
Cantonnés sous les bois ombreux,
Les rossignols luttent entre eux,
Chantant à réveiller les chênes.*

Grenouilles élevant la voix
De la mare du voisinage,
Au moindre frisson de feuillage
Se taisent toutes à la fois.

Au cri déchirant de l'orfraie
Succède un lointain aboîment,
Avec subit hennissement
D'une cavale qui s'effraie...
Le ver luisant dans l'herbe luit.
Puis tout rentre dans le silence.
On n'entend plus que l'eau qui bruit,
Mais la grenouille recommence.

CHOEUR.

Chantons la rosée & la nuit,
Ses vagues bruits & son silence;
Chantons le ver luisant qui luit
Et les astres du ciel immense.

III.

SÉRÉNADE.

PROLOGUE.

Qu'ils sont courts les doux instants
    Pour aimer & vivre !
Le soleil met plus de temps
    A fondre le givre.
Vive du beau mois de mai
    La verte jeunesse !
Vive la nuit, l'air embaumé,
    Vive ma maîtresse !

CHŒUR.

Ma belle amante, éveille-toi,
    Ouvre la porte
De ton jardin, & viens à moi,
    La lune est morte.

SÉRÉNADE.

Dans un dernier rayon du soir,
Blanche & penchée, hier je t'ai vue

Te retournant à ton miroir,
  Epaule nue.
Depuis, toujours je vois en l'air,
Dans les rubans & les dentelles,
Ton bras levé; je vois l'éclair
  De tes prunelles.

Du rossignol dedans la nuit,
La voix en fleur, jamais lassée,
Chante l'amour, l'heure qui fuit
  Et la rosée.
Sous les lilas, les aubépins,
Sa chanson que la brise effeuille
Va se perdre aux parfums lointains
  Du chèvrefeuille.

Aujourd'hui n'a pas de retour,
L'heure est ailée, ô ma charmante!
N'attendons pas, prenons le jour
  Qui se présente.
Demain n'est qu'un pays tout noir,
Sans arbres verts, sans jour, sans lune,
Dans son eau sombre on ne peut voir
  Tes yeux, ma brune!

CHOEUR.

Ma belle amante, éveille-toi,
    Ouvre la porte
De ton jardin, & viens à moi,
    La lune est morte.

IV

CHANT.

PROLOGUE.

Mais tout se brouille en mon cerveau,
L'étoile fixe & la planète;
Lænsberg, prête-moi ton flambeau,
Ton sextant, ta longue lunette.
Ajoute le bonnet pointu,
Long distillateur de science;
Da ta robe ample revêtu,
Je vais chanter le ciel immense.

LE CIEL.

A l'est, à l'ouest, au sud, au nord,
D'un œil libre que rien n'arrête,

Pour déchiffrer ces lettres d'or,
    Levons la tête.
Pas un seul nuage, & je vois
Au ciel bleu noir, où l'on peut lire...
Les chemins lactés, les trois Rois,
    L'Ours & la Lyre.

CHOEUR.

Mondes, luisez au firmament
A des millions, milliards de lieues,
Mêlez au feu du diamant
    Vos lueurs bleues.
Comme la terre & les planètes,
En vos évolutions muettes,
Tournez, tournez, mondes vermeils,
Autour de vos luisants soleils
Avec Équateur, Écliptique...
Pôle nord & Pôle antarctique.

Voici l'œil rouge du Taureau,
Cassiopée & les Hyades,
Syrius luisant, clair & beau,
    Et les Pléiades.

Le grand Jupiter, puis encor
Les Gémeaux, le Lion, l'Écreviſſe...
Mars, Mercure, & les cheveux d'or
 De Bérénice.

De la céleſte profondeur
De ce grand océan mobile,
Chaque aſtre ſelon ſa couleur
 Luit ou rutile.
Livre immenſe, tout grand ouvert
A l'œil du pilote & du pâtre,
Scintillant, jaune-or, rouge-vert,
 Et bleu verdâtre...

Courant ſoudain du ſud au nord,
Parfois la force magnétique
Fait par un électrique effort
 La rive arctique
S'empourprer de grandes rougeurs...
Douces boréales aurores,
S'avivant des fauves lueurs
 Des météores.

L'étoile file, une autre ſuit,
Et voici des milliers d'étoiles

Glissant du manteau de la nuit
    Et de ses voiles.
Grand artifice éblouissant,
Il retombe en pluie éclatante;
Les yeux se remplissent de sang,
    L'âme est contente...

CHOEUR.

Mondes, luisez au firmament,
A des millions, milliards de lieues,
Mêlez aux feux du diamant
    Vos lueurs bleues.
Comme la terre & les planètes,
En vos évolutions muettes,
Tournez, tournez, mondes vermeils,
Autour de vos luisants soleils,
Avec Équateur, Écliptique,
Pôle nord & Pôle antarctique.

V.

L'AUBE.

Des cimes du lointain,
Du creux du val sonore,

*Les coqs au cri d'airain
Ont fanfaré l'Aurore.
Tout l'Orient se teint,
Rougit, verdit, se dore;
Mais Vénus luit encore
Au front blanc du matin,*

*Qui sur les monts rosés, pied haut, aile étendue,
S'arrachant aux baisers de l'Aurore éperdue,
Sur la campagne en fleur s'enlève frémissant.*

*Le hiboux s'effarant à sa blanche tunique,
Fuit d'un vol velouté vers la tourelle antique,
Dont la vitre flamboie aux feux du jour naissant.*

FIN DE LA SÉRÉNADE.

*Ma belle amante, éveille-toi,
Ouvre la porte
De ton jardin, & viens à moi,
La lune est morte.*

*Mais je vois ta forme passer,
Eclairant toute la fenêtre,*

Puis, sous les rideaux s'effacer
 Et reparaître...
Ta vitre, comme l'horizon,
Reluit, flamboie & se colore :
Es-tu l'éclat de ma chanson?
 Es-tu l'Aurore?...

Aux cieux déjà, le blanc matin
Va soufflant toutes les étoiles,
Le vent sur l'eau, dans le lointain,
 Gonflant les voiles.
Voici le jour, & dans les fleurs
Et sur les eaux, le vent, l'abeille,
Doux chants d'oiseaux, parfums, couleurs,
 Tout se réveille...

Belle endormie, ouvre les yeux
Aux clartés de mon chant superbe,
Lève-toi! Nous irons tous deux
 Errer dans l'herbe...
Tu verras du sein des moissons
Monter les vives alouettes;
Sous les bois nous effeuillerons
 Les pâquerettes.

Aujourd'hui n'a pas de retour,
L'heure est ailée, ô ma charmante;
N'attendons pas, prenons le jour
    Qui se présente.
Demain n'est qu'un pays tout noir,
Sans arbres verts, sans jour, sans lune,
Dans son eau sombre on ne peut voir
    Tes yeux, ma brune.

CENDERINETTE.

—

HIGNON *tombant, bandeaux tressés,*
 Sur un front pur faisant ombrage,
Aux yeux noirs, vaguement baissés
Sur le creux d'un mouvant corsage.
La lèvre en arc sous le nez fier,
Le rire aux dents, joue à fossette,
Voici l'esquisse faite en l'air
De la blonde Cenderinette.

A quoi bon les mots mi-vêtus,
Cachés sous les phrases fleuries!
Allez voir les charmes tout nus
De la Vénus aux Tuileries...
Moins le régulier mouvement
De la collerette légère,
Des pieds au chignon, simplement,
Vous la connaîtrez tout entière.

Cenderinette doit son nom
A sa chevelure cendrée,
A sa main, à son pied mignon,
A sa taille souple & cambrée,
Et pour ce que, dès le matin,
Quand s'éveille Cenderinette,
Ses premiers baisers sont de thym,
De muguet & de violette.

Dans mon cerveau, quand il fait noir,
Sur sa nuit creuse je me penche,
En fermant les yeux, pour mieux voir
Cenderinette toute blanche...
Elle y fait ses yeux à l'envers,
Sa moue & ses petites mines;
Sa bouche rose a des éclairs
De carmin & de perles fines.

Toute Cenderinette *rit,*
Des yeux, du nez & de la bouche;
Je vois pétiller son esprit
Sous son air de sainte N'y-Touche,
Et voudrais par baisers ardents,
Lui criant d'impossibles choses,

Arrêter sur ses blanches dents
Le rire de ses lèvres roses...

Mais déjà mes cheveux s'en vont,
Et ma barbe en pointe s'éclaire
De ces petites fleurs qui font
Pâquerettes de cimetière...
Ma face automnale rougit,
S'allumant comme un feu de joie;
Le coin de mon œil en sourit
Par une grande patte d'oie.

Adieu! Cenderinette, *adieu;*
Laissons l'amour à la jeunesse,
Aux grands jours clairs le beau ciel bleu,
Et les vieux vins à la vieillesse...
Ton doux regarder non pareil
Luit sur ma tête dépouillée
Comme en novembre le soleil
Sur la jaunissante feuillée.

Adieu! *l'ombre de mes beaux jours*
Mélancoliquement s'allonge

Sur le passé de mes amours...
Leur disque d'or dans l'eau se plonge,
Et j'ai voulu pour l'avenir,
Dans les vers d'une chansonnette,
Embaumer ton blond souvenir,
Infidèle Cenderinette.

LE RENOUVEAU.

PROLOGUE.

ous *le Bélier, au retour*
  De sa tâche australe,
Instant où la nuit au jour
  Est partout égale,
Le soleil tenant en main
  Sa juste balance,
Dans le boréal chemin
  Paraît & s'avance.

SOLVITUR ACRIS HYEMS.

Mars a lancé son grésil
  Et ses giboulées,
Par le joli mois d'avril
  Au Nord refoulées,

Et sous le ciel s'emperlant
D'éclatantes nues,
Les torrents fous vont roulant
Les neiges fondues.

GRATA VICE VERIS UT FAVONI.

Un petit vent du Midi
De sa tiède haleine
A tous les bois reverdi,
Les monts & la plaine ;
L'hirondelle a pris son vol,
Et sous la coudrette
On entend le rossignol
Avec la fauvette.

Couronné de frais lilas,
De blanche aubépine,
Le Printemps, pieds nus, nus bras,
Descend la colline...
Du soleil dans les cheveux,
Où la brise joue,
L'azur du ciel dans les yeux
Et la pourpre en joue.

L'arbre à fruit, sur le gazon
    Secouant sa neige,
Promet des fruits à foison;
    Que Dieu le protége!
Et garde les floraisons
    Des blanches gelées,
Du grésil, des hannetons
    Et des giboulées!

JAM CYTHEREA CHOROS DUCIT VENUS
IMMINENTE LUNA.

Le soir, aux vieilles chansons,
    La blonde & la brune
Sautent en faisant des ronds
    Sous la pleine lune;
Pendant que les amoureux,
    Suivis de leurs ombres,
S'en vont par les chemins creux
    Cherchant les lieux sombres.

Le noir forgeron, nus bras,
    A quitté l'enclume,

Pour respirer les lilas
　　Dont l'air se parfume...
Mais voici qu'il disparaît,
　　Du sel dans la gorge,
Pour éteindre au cabaret
　　Le feu de la forge.

Le Printemps est dans mon cœur,
　　Tout mon cœur rayonne;
Butinant de fleur en fleur,
　　L'Amour y bourdonne.
Les jasmins sont en bouton,
　　La rose m'enivre,
Quel beau ciel! & qu'il fait bon
　　De se sentir vivre!

CHOEUR.

Vole, Amour! à la maison
　　De ma douce amie,
Et dis-lui que la saison
　　Sera tôt finie.

Le Renouveau.

I

Sur tes deux ailes d'argent
Pars avec la brife,
Rafant le beau lac changeant
Dont le flot s'irrife,
Vole, Amour, & vole encor,
Que rien ne t'empêche,
Choifis dans ton carquois d'or
Ta plus fine flèche!

CHOEUR.

Vole, Amour! à la maifon
De ma douce amie,
Et dis-lui que la faifon
Sera tôt finie.

Toute or, toute blanc fatin,
En pleine fenêtre,
Sous fes cheveux, le matin,
On la voit paraître,

Et les oiseaux d'alentour,
 La voyant plus belle
Que l'eau, le ciel ou le jour,
 Volent autour d'elle.

Vole, Amour! à la maison
 De ma douce amie,
Et dis-lui que la saison
 Sera tôt finie.

A l'azur de ses grands yeux,
 Qu'un front pur ombrage,
A l'or de ses blonds cheveux,
 A son fin corsage,
Amour, tu la connaîtras,
 Et d'une voix tendre
En secret tu lui diras
 Que je meurs d'attendre.

Vole, Amour! à la maison
 De ma douce amie,
Et dis-lui que la saison
 Sera tôt finie.

ÉPILOGUE.

Ils font fi courts les inftants
    Pour aimer & vivre,
Le foleil met plus de temps
    A fondre le givre...
Avant de paffer deffous,
    Aimons-nous fur terre!
Bientôt nous ne ferons tous
    Qu'ombre & que pouffière.

LE PREMIER MAI.

CHANTEZ, oiseaux; dansez, collines;
Il va venir, le bien-aimé,
Dans les lilas, les aubépines;
Il est venu, le premier mai.
Sur les prés verts, les fleurs mi-closes
Jaillissent naturellement,
Sous la trace de ses pieds roses,
Comme étoiles au firmament.

Cloches & coqs font leur tapage
Dans le matin limpide & gai;
Eveillez-vous, gens du village!
Il est venu, le premier mai.

Là-bas, dans l'or sur la montagne,
Le soleil monte au ciel tout bleu,
Enflammant la blanche campagne;
Les aubépins sont tout en feu,

La forêt chante, & l'hirondelle
Vient & revient ; on danſera
Au cabaret, ſous la tonnelle,
A la bonne dame on boira.

Cloches & coqs font leur tapage
Dans le matin limpide & gai ;
Éveillez-vous, gens du village !
Il eſt venu, le premier mai.

Allons, les femmes, les fillettes,
Tirez le lin de vos tiroirs,
Ajuſtez vos blanches cornettes,
L'œil de côté dans les miroirs.
Déjà ſous l'orme la muſette
Fredonne ſes refrains nouveaux,
Et l'écho lointain les répète
Aux bois, aux vallons, aux coteaux.

Cloches & coqs font leur tapage
Dans le matin limpide & gai ;
Éveillez-vous, gens du village !
Il eſt venu, le premier mai.

Le premier Mai.

Mais l'églife trop pleine éclate
De chants, de rayons, de vermeil;
Dans la dentelle & l'écarlate
Le pasteur luit comme un soleil.
Chacun se signe à l'eau bénite,
L'encens répand ses bons parfums;
Puis, l'on s'en va, la messe est dite
Pour les vivants & les défunts!

Toutes les cloches font tapage
Sous le ciel bleu, limpide & gai;
Dansez, buvez, gens du village!
Il est venu, le premier mai.

La danse a repris de plus belle,
On tourne, on tourne sous l'ormeau;
Au cabaret on se querelle,
Tout en buvant le vin nouveau.
Mais voici que par la fenêtre
Le braconnier, rouge, fâché,
Fait passer le garde champêtre,
Le nez en sang & l'œil poché!

Cloches, musettes, font tapage
Sous le ciel bleu, limpide & gai;

Le premier Mai.

Dansez, buvez, gens du village!
Il est venu, le premier mai.

Avec l'écharpe tricolore
Monsieur le maire est arrivé,
Le braconnier, qui court encore,
A travers champs s'est esquivé.
On crie, on chante, on verbalise,
Et, quand chacun a bien juré,
Le blessé retourne à l'église
Chanter vêpre avec le curé.

Cloches, musettes, font tapage
Sous le ciel bleu, limpide & gai;
Dansez, buvez, gens du village!
Il est venu, le premier mai.

Sur le pré, l'étang, la colline,
Les grands arbres vont s'allongeant,
Et le soleil tombe & décline
Dans les pourpres du ciel changeant.
Tout comme une pâle étincelle,
L'étoile du soir apparaît:
Voici s'allumer avec elle
La chandelle du cabaret.

Le premier Mai.

L'Angelus tinte & fait tapage
Dans l'air du soir plus embaumé ;
Rentrez chez vous, gens du village !
Il est passé, le premier mai.

Les sons perdus de la musette
S'en vont mourir au fond des bois,
Avec le cri de la chouette,
Comme un souvenir d'autrefois.
La terre tourne & nous apporte
Et le soleil & les amours ;
La terre en tournant les emporte,
Emparons-nous des plus beaux jours !

La lune a glissé du feuillage
Dans l'air du soir plus embaumé ;
Endormez-vous, gens du village !
Il est passé, le premier mai.

AOUT.

ÉTUDE RUSTIQUE.

—

'OMBRE *des ailes du moulin*
Là-haut! là-haut, sur la bruyère,
S'arrête court dès le matin;
Voici descendre la meunière,
Des pentes vertes du ravin.
Elle a passé tout empressée,
Laissant les buissons du chemin,
Rose & plus blanche que le lin
De sa cornette retroussée.
C'est dimanche au clocher voisin.

En bas sous l'orme près l'église,
Filles, garçons, frappant le sol,
Dans l'ombre du grand parasol,
Vont tournoyant comme la bise.

II

Un gros flûteur enluminé,
Auſſi joufflu que ſa muſette,
S'agite comme un vrai damné,
Du pied tourmentant la banquette,
Dans le creux du vieux tronc miné;
Et la colline labourée,
Et la cure, & le grand château,
Et la grange, & le ciel & l'eau
Semblent tourner dans la bourrée
Qui ronfle ſous le vieil ormeau.

CHŒUR.

Le coquelicot dans les blés ſcintille,
Mais ſa pourpre luit d'un éclat moins pur,
Et l'on voit pâlir, au ſoleil qui brille,
Des bluets penchés le regard d'azur,
La moiſſon jaunie attend la faucille.
Le grain plus joufflu du raiſin moins dur
Sous le pampre vert déjà ſe colore:
Aux coteaux pierreux, pour mieux l'attendrir,

N'a-t-il pas pour lui les pleurs de l'aurore?
Les derniers soleils le feront mûrir.

Pour la danse & pour la grand'messe,
Débouchant du creux du vallon,
Petits & grands, chacun s'empresse
Dans les hauteurs de la moisson.
Le soleil monte à l'horizon;
Dans l'infini du pâturage,
Ormeaux & chênes isolés,
Vont raccourcissant leur ombrage
Sur tous les troupeaux assemblés.

Dans la rivière serpentine,
Les bouleaux se doublent tremblants,
Et dans le clair de la colline
Flottent tantôt verts, tantôt blancs.
Près de sa cavale rebelle,
L'étalon se dresse hennissant;
Au flot qui là-bas étincelle,
Les bœufs plongent leur col puissant,
Le relèvent en mugissant,
Et l'eau de leurs naseaux ruisselle.

Du fond du val & des sillons,
Cigales, grenouilles, grillons,
De leur plus douce mélodie
Eveillent la brise engourdie.
Les oiseaux ont quitté les nids;
J'entends rappeler la perdrix.

CHOEUR.

Le coquelicot dans les blés scintille,
Mais sa pourpre luit d'un éclat moins pur,
Et l'on voit pâlir au soleil qui brille,
Des bluets penchés le regard d'azur.
La moisson jaunie attend la faucille.
Le grain plus joufflu du raisin moins dur
Sous le pampre vert déjà se colore :
Aux coteaux pierreux, pour mieux l'attendrir,
N'a-t-il pas pour lui les pleurs de l'aurore?
Les derniers soleils le feront mûrir.

L'alouette chante, perdue
Entre les épis & la nue;
Des vertes pentes descendue,

La meunière a passé dessous,
Franchissant, la jambe tendue,
Églantiers, aubépins & houx.

Tout à coup la belle épeurée
Bondit & s'arrête soudain,
Se voyant barrer le chemin
Par une génisse égarée :
C'était la vache au vieux Colas,
De blanc & de noir habillée,
OEil véron, corne tortillée,
Dont l'une en l'air, l'autre en bas.

Passe! passe! belle meunière,
Non, ce n'est pas ton amoureux;
Car tout là-bas, dans la clairière,
Il te guette, & bientôt, tous deux,
Tous deux, sous l'orme près l'église,
La jambe en l'air, frappant le sol,
Vous tournerez comme la bise
Dans l'ombre du grand parasol.

CHOEUR.

Le coquelicot dans les blés fcintille,
Mais fa pourpre luit d'un éclat moins pur,
Et l'on voit pâlir, au foleil qui brille,
Des bluets penchés le regard d'azur.
La moiffon jaunie attend la faucille.

Il eft onze heures du matin,
Hâtons-nous! l'églife remplie,
Par fon portail, fur le chemin
Rejette la foule qui prie :
Les femmes fur leurs deux genoux,
Hommes debout, la tête nue,
Attendant pour s'incliner tous
Que Jéfus remonte à la nue.

La meffe eft dite! Les plus vieux
Vont s'attabler à la guinguette,
Et les jeunes tournent entre eux
Aux fons perçants de la mufette,
Qui domine les bêlements,
Les cris des enfants & des vieilles,

Les chants de coq, les aboiements,
Le choc des brocs & des bouteilles.

Toujours, sous l'orme, près l'église,
Filles, garçons, frappant le sol,
Vont tournoyant comme la bise
Dans l'ombre du grand parasol.

Par le bleu du ciel appauvrie,
La lune poursuit le soleil,
Et sa blanche corne amoindrie
Finira ce jour sans pareil.
Déjà, dans l'onde qui se teinte
Des couleurs du couchant vermeil,
On voit passer sa forme éteinte :
La nuit se fait, l'angelus tinte.

La chandelle du cabaret
Vient de s'éteindre la dernière.
Le flûteur, ivre de clairet,
Serpentant comme une rivière,
S'en va du val à la forêt;
Le son joyeux de sa musette

Tout avec lui monte & defcend,
Tantôt fe perd, tantôt reprend,
Puis meurt comme un chant d'alouette
Dans les plaines du firmament.

Là-bas, fous l'orme près l'églife,
Filles, garçons ont pris leur vol,
Et l'ombre du grand parafol
Parle tout bas avec la brife.

ADIEUX A LA FALAISE.

PETITE SYMPHONIE.

A mon ami, Erneſt Marande.

PROLOGUE.

1re Partie.

UN ſoir en quittant Sainte-Adreſſe,
Ses villas, & ſes longs ormeaux,
Son maigre clocher qui ſe dreſſe
Sans dépaſſer les verts coteaux.....
Juſte entre le Hâvre & la Hève,
Où la mer roule le galet,
J'ai trouvé, cotoyant la grève,
Un vrai nid de roſſignolet.

C'était dans un clos mal fermé,
Myſtérieux & parfumé;
Un chaume entouré de lierre,
Au toit mouſſu piqué d'iris,
Se cachant humble, & ras de terre
Empanaché d'un tamaris.

Adieux

I

Cerclé du côté de la plage
Par de vieux fureaux rabougris,
Le jardinet n'a pour ombrage
Que des rosiers, des tamaris...
Puis, s'adossant à la falaise,
Un frais ajoupa suspendu,
A l'ombre duquel à son aise
On peut tout voir, sans être vu.

II

Et je suis devenu le maître
Du doux chaume & du petit clos,
D'où le soir on voit disparaître
Le soleil rouge sous les flots :
Et quand la mer étincelante
S'avive de ses derniers feux,
Par une route qui serpente,
Sur la hauteur on voit bien mieux.

Tandis qu'en bas sous le lierre,
Le toit moussu piqué d'iris,

LA FALAISE.

Là, les falaises tourmentées
Par les subits éboulements,
Des grandes vagues agitées
Semblent subir les mouvements.
Tout le sol ravagé s'étage
Jusqu'aux cimes où les ormeaux,
Tordus de tronc & de branchage,
Au vent d'aval font le gros dos.

Tandis qu'en bas sous le lierre,
Le toit moussu piqué d'iris,
Se dissimule humble & ras terre,
Empanaché d'un tamaris.

ADIEUX.

Mais je n'ai plus l'âme contente :
La larme à l'œil & le cœur gros,
Il faut quitter ce petit clos.

Adieu! falaife verdoyante,
Adieu! reflets mouvants des cieux,
Flots d'argent vif, flots verts, flots bleus.

L'INTÉRIEUR.

PROLOGUE A LA CHANSON.

2me Partie.

Couffins, hamac, chaifes & table,
Un petit caveau pour le vin,
Repréfentent le confortable
De l'intérieur en fapin.
Aux quatre coins, les étagères
Semblent vous indiquer du doigt,
Par les bouteilles & les verres,
Que jufqu'à plus foif on y boit.

QUE LA TERRE EST PETITE!

CHANSON.

I

Dans cette riante demeure,
Je n'ai jamais eu pour foucis,

Que la rapidité de l'heure,
Lorsque entouré de vrais amis,
Et regardant tourner la terre
Par ses plus beaux couchants soleils,
Je leur chantais, levant mon verre,
Dans les lueurs des soirs vermeils.

CHOEUR.

O vieille terre, trop petite,
Quelle est la fureur qui t'excite
A tourner ainsi sans raison?
Pourquoi nous dévider si vite
Les plus beaux jours de la saison?

II

Là, j'ai vu la muse nouvelle,
Ses cheveux d'or, en coup de vent,
M'apparaître riante & belle
Comme un grand, clair, soleil levant...
Remontant des effets aux causes,
Elle m'a parlé d'avenir...

C'était dans la saison des roses...
Et je cherche à me souvenir.

O vieille terre, trop petite,
Quelle est la fureur qui t'excite
A tourner ainsi sans raison?
Pourquoi nous dévider si vite
Les plus beaux jours de la saison?

III

Hier, j'ai vu les hirondelles
Gazouillant toutes à la fois,
Avant de fuir à tire-d'ailes,
Tenir conseil sur les vieux toits.
Et les voilà... toutes parties...
Les blés sont verts; les étourneaux
Tourbillonnent sur les prairies...
J'entends coasser les corbeaux.

O vieille terre, trop petite,
Quelle est la fureur qui t'excite
A tourner ainsi sans raison?
Pourquoi nous dévider si vite
Les plus beaux jours de la saison?

IV

Les cimes des chênes rougissent,
Les peupliers sont jaune d'or ;
Mais les chrysanthèmes fleurissent
Et semblent dire : Espère encor !
La rose aussi me dit : Espère !
Comme pâquerette sa sœur,
Petite fleur aventurière,
Qui croit toujours en la chaleur.

O vieille terre, trop petite,
Quelle est la fureur qui t'excite
A tourner ainsi sans raison ?
Pourquoi nous dévider si vite
Les plus beaux jours de la saison ?

V

Déjà la froidure s'avance,
L'automne tire à son déclin ;
J'ai perdu jusqu'à l'espérance
De l'été de la Saint-Martin.

On ne se sent plus aussi brave,
Car l'égoïsme a répondu :
Quand on n'a plus de vin en cave,
Le temps de danser est venu.

O vieille terre, trop petite,
Quelle est la fureur qui t'excite
A tourner ainsi sans raison ?
Pourquoi nous dévider si vite
Les plus beaux jours de la saison ?

VI

Mais si la terre est trop petite,
L'hirondelle, qui le sait bien,
Suit le soleil, & va plus vite.
L'homme reste; il ne connaît rien...
Prends ton manteau, Muse frileuse,
Et suivons les chemins vermeils
De l'hirondelle aventureuse,
Allons chercher d'autres soleils !

O vieille terre, trop petite,
Quelle est la fureur qui t'excite

A tourner ainsi sans raison ?
Pourquoi nous dévider si vite
Les plus beaux jours de la saison !

DERNIERS ADIEUX.

3ᵐᵉ Partie.

CHŒUR DE PLUIE.

Au Sud, là-bas, la terre bleue,
Se rapprochant, passe au bleu noir,
Et semble au plus un quart de lieue ;
Le ciel se brouille, il va pleuvoir.

LES GRIMPEREAUX.

Contre cet abri de poète,
Les grimpereaux ont fait leur nid,
Juste entre la base & le faîte ;
Le temps pluvieux les réunit...
Ils pépitent dans les lierres,
Les sureaux & les tamaris,
Grimpant aux troncs, grimpant aux pierres,
Comme de petites souris.

Au Sud, là-bas, la terre bleue,
Se rapprochant, passe au bleu noir,
Et semble au plus un quart de lieue ;
Le ciel se brouille, il va pleuvoir.

CHŒUR.

Adieu ! petit clos mal fermé,
Mystérieux & parfumé,
Adieu ! chaume orné de lierre,
Au toit moussu piqué d'iris,
Se cachant humble & ras de terre,
Empanaché d'un tamaris.

Non, je n'ai plus l'âme contente ;
Adieu ! reflets mouvants des cieux,
Flots d'argent vif, flots verts, flots bleus,
Adieu ! falaise verdoyante :
La larme à l'œil & le cœur gros,
Il faut quitter le petit clos.

I

Mais avant, retraite charmante,
Je veux nommer ton inventeur ;

*J'interroge l'oiseau qui chante,
Le bourgeon, l'arbuste & la fleur...
Les grimpereaux dans les lierres,
Les pervenches au clair regard,
La pâquerette aventurière,
Tout me répond...* Alphonse Karr.

II

*J'ai trouvé le nid, chaud encore,
De ce beau poète envolé,
Amant des soirs & de l'aurore,
Que les méchants ont accablé.
Bon jardinier, pêcheur habile,
Puissant critique, homme de bien,
Il fit d'un bourg presque une ville,
Pour en partir, n'ayant plus rien.*

III

*Du reflet doré de ses ailes,
Traçant un lumineux sillon,
Au pays bleu des hirondelles,
Il est parti, le papillon.*

Que Dieu, vers un doux rivage,
Dans les rayons & les lueurs,
Garde du froid & de l'orage
Ce chercheur de nouvelles fleurs!

CHŒUR DE PLUIE.

Au Sud, là-bas, la terre bleue,
Se rapprochant, paſſe au bleu noir,
Et ſemble au plus un quart de lieue;
Le ciel ſe brouille, il va pleuvoir...

ÉPILOGUE.

Plus de beaux jours! adieu, verdure;
Les fleurs s'en vont, tout eſt fini :
Et puis par-deſſus la clôture
On a regardé dans mon nid.

Non, je n'ai pas l'âme contente!
La larme à l'œil & le cœur gros,
Je vais quitter le petit clos.
Adieu! falaiſe verdoyante,
Adieu! reflets mouvants des cieux,
Flots d'argent vif, flots verts, flots bleus.

LE HAVRE A VOL D'OISEAU.

4me Partie.

PROLOGUE.

Scandons les prochaines collines,
Pour saluer le beau lointain
De petites voiles latines,
Etoilé du soir au matin.
Pour bien voir, il faut qu'on s'élève,
Tirons du côté de ces feux
Qui, les nuits, du cap de la Hève
Font l'alentour tout lumineux.

CHOEUR.

Quel panorama magnifique!
Changement des flots & du ciel,
Spectacle vivant & magique,
C'est le mouvement perpétuel.

I

Voici le Hâvre & sa jetée,
Son mât de signal & son feu,

Sa vieille tour diamantée,
Aux pavillons toujours en jeu...
La cité n'a pas de tourelles,
De clochers & de clochetons,
Finement taillés de dentelles,
Ni colonnades, ni frontons.

II

Soir & matin, le port s'avive
De clairs pavillons dans le vent,
Bleus, blancs, jaune d'or, pourpre vive,
Et dans les clartés du levant,
On voit jaillir des noirs cordages,
Les blancs mâts, vergues en travers,
Immobiles ſous les nuages,
Dardant leurs flèches dans les airs!!!

CHOEUR.

Quel panorama magnifique!
Changements des flots & du ciel,
Spectacle vivant & magique,
C'eſt le mouvement perpétuel.

III

Les noirs vapeurs vont & reviennent,
Tout de fumée empanachés,
Traînant les voiliers qui se tiennent
Les uns aux autres attachés.
Le soir, tout l'alentour s'allume
De petits feux, de grands feux clairs,
De voiles grises dans la brume,
S'entrecroisant en sens divers.

IV

Mais que vois-je? Oh! la bonne affaire;
Plus de fossés, plus de remparts,
Et l'ancienne ville de guerre
Va s'agrandir de toutes parts.
Adieu donc, muraille inutile,
Où les citadins, autrefois,
Sur le minuit rentrant en ville,
Rencontraient visage de bois!

V

Et maintenant, Hâvre de grâce,
Ainsi que l'air, c'est librement

Qu'en ton enceinte l'homme passe,
Ce n'est plus militairement.
Donc, plus de commandants de place,
De caporaux & de soldats,
Pour se donner des mots de passe,
A l'oreille se parlant bas.

VI

En travers de la Grande Rue,
Mais quel est donc ce gros pâté
Qui s'élève, masquant la vue?
C'est... la Municipalité.
Doucement! ne parlons pas d'elle,
Ne prenons pas de libertés,
On pourrait nous chercher querelle
Si nous disions des vérités.

Quel panorama magnifique!
Changement des flots & du ciel,
Spectacle vivant & magique,
C'est le mouvement perpétuel.

ÉPILOGUE.

CHŒUR DE PLUIE.

I

Au Sud, là-bas, la terre bleue,
Se rapprochant, paſſe au bleu noir,
Et ſemble au plus un quart de lieue;
Le ciel ſe brouille, il va pleuvoir...

II

Plus de beaux jours ! adieu, verdure.
Les fleurs s'en vont, tout eſt fini :
Et puis par-deſſus la clôture
On a regardé dans mon nid.

III

Non, je n'ai pas l'âme contente !
La larme à l'œil & le cœur gros,
Je vais quitter le petit clos.
Adieu ! falaiſe verdoyante,
Adieu ! reflets mouvants des cieux,
Flots d'argent vif, flots verts, flots bleus.

LE CHANT DES YOLIERS.

POÈME.

PROLOGUE.

Longue & taillée en fin couteau,
Ma prompte yole est si légère,
Qu'elle passe sans rider l'eau,
L'eau changeante de la rivière...
Elle coupe droit le courant,
Filant de l'une à l'autre rive,
Sans perdre un pouce à la dérive,
Et remonterait un torrent...

CHOEUR.

Elle file! Elle vole,
Ma blanche & longue yole.
Yoliers, francs lurons,
Appuyons sur les avirons,
Pour dépasser cette hirondelle
Qui fuit là-bas à tire-d'aile.

Le sylphe des courantes eaux
Ayant façonné sa membrure,
De l'écorce des blancs bouleaux
Revêtit sa grêle structure...
Planta les mâts, aspira l'air,
Et, gonflant ses voiles latines,
Anima ses formes divines
De l'éperon au taille-mer.

Elle file ! Elle vole,
Ma blanche & longue yole.

Depuis, du matin jusqu'au soir,
A l'aviron comme à la voile,
A peine a-t-on le temps de voir,
C'est comme une filante étoile...
Des sommets d'une longue tour
On la lancerait dans le vide
Qu'on l'y verrait voguer rapide
Pour passer l'aigle & le vautour.

Elle file ! Elle vole,
Ma blanche & longue yole.

YOLA.

En vain le léger papillon,
La longue & vive demoiselle,
Cherchent à suivre son sillon,
Yola laisse tout derrière elle.
Sous les saules, dans la fraîcheur,
Quand le martin-pêcheur se lève,
Elle arrive en longeant la grève
Bien avant le martin-pêcheur.

 Elle file! Elle vole,
Ma blanche & longue yole.

A la voile serrant le vent,
Quand frissonnante elle se penche,
Montrant de l'arrière à l'avant
Les façons de sa coque blanche,
On la prendrait pour un oiseau,
Une mouette, une hirondelle,
Effleurant du bout de son aile
Le courant crespelé de l'eau.

Elle file! Elle vole,
Ma blanche & longue yole.

Aux jours d'été, quand il fait beau,
Tous les enfants nus du rivage
Vont piquant des têtes dans l'eau,
Croyant l'attraper à la nage.
Lançant ses lazzis aux pêcheurs,
Des mots doux à la lavandière,
Elle vogue splendide & fière
Parmi les têtes des nageurs.

Elle file! Elle vole,
Ma blanche & longue yole.

Dans les vives rougeurs du soir,
Lorsqu'elle passe triomphante,
On voit se doubler au miroir
De la rivière éblouissante,
L'azur de son grand pavillon,
Ses rameurs en rouge chemise,
Avec leurs cheveux dans la brise,
Bras nus, courbés sur l'aviron.

Elle file! Elle vole,
Ma blanche & longue yole.

Yoliers, francs lurons,
Appuyons sur les avirons,
Pour dépasser cette hirondelle
Qui fuit là-bas à tire-d'aile.

LES YOLIERS.

Les yoliers sont des garçons
Tous en pleine force de l'âge ;
Pour haler sur les avirons
Ayant bras forts & grand courage.
Ils sont de plus, joyeux & francs,
Et vont comme le vent les pousse,
Faisant, de l'index & du pouce,
Sauter les pièces de cinq francs.

Elle file ! Elle vole,
Ma blanche & longue yole.

Quand Vesper à l'occident luit,
Que tout le firmament s'allume,
On rallie, en menant grand bruit,
Le cabaret connu qui fume...

De la cuisine tout en feu
Souffle un petit vent de friture,
De soupe aux choux, de bœuf nature,
Et de matelote au vin bleu.

 Elle file ! Elle vole,
Ma blanche & longue yole.

Une ardente altération
Fait tout le brillant équipage
Avec précipitation
Sauter en chantant sur la plage.
Le vin coule, on casse les pots,
On fait un vacarme effroyable,
Les buveurs glissent sous la table,
Et tout rentre dans le repos.

 Elle file ! Elle vole,
Ma blanche & longue yole.

EPILOGUE.

Jouteurs, qui voulez dépasser
Ce fantastique diable à quatre,
Sur le rivage il faut laisser
Toute espérance de la battre.

Elle en a tant vaincu sur l'eau,
Entre Paris & la Bretagne,
Qu'avec tous les prix qu'elle gagne
On fréterait un grand vaisseau.

 Elle file ! Elle vole,
Ma blanche & longue yole.

Son capitaine Chante Clair,
Musicien de sa nature,
Et qu'on croirait un loup de mer,
N'est qu'un yolier d'aventure,
Qui s'engage, quand on voudra,
A passer la mer Atlantique,
Pour remonter en Amérique
Le grand saut du Niagara.

 Elle file ! Elle vole,
Ma blanche & longue yole.
 Yoliers, francs lurons,
Appuyons sur les avirons,
Pour dépasser cette hirondelle
Qui fuit là-bas à tire d'aile.

HÉLÈNA

CHANGÉE EN SONNET.

A Joféphin Soulary.

ÉLÉNA, *dans le pampre & les liferons bleus,*
Luftrait fes cheveux roux!!! Sous leurs touffes
    vermeilles,
Plongeant fes doux rayons, le foleil amoureux,
De fes beaux feins mouvants, titillait les merveilles.

Tout en fenêtre en face, un poète envieux
La guettait l'œil en feu, du fang dans les oreilles!!!
Lors, des vers fufurrant fous fon cerveau fiévreux,
De s'élancer vainqueurs, effaimant comme abeilles.....

Les voilà, s'acharnant à leur proie; & le foir
L'aftre jaloux, avant de s'abîmer, put voir
Lorgnant obliquement de la rive orangée,

Sous les baifers pourprés de quatorze grands vers,
Héléna, renverfée & les yeux à l'envers,
Se tordre convulfive, en un fonnet changée.

SIMPLE CHANSON.

Partout, du Sud au Nord, sous le ciel noir ou bleu
D'un cœur libre & content je chante la nature,
Ses couleurs, ses parfums, son rhythmique murmure,
Les profondeurs du ciel, les eaux, l'air & le feu.

    Dans un buisson d'or & d'hermine,
    On m'a trouvé petit enfant;
    Sur mon front pleurait l'aubépine,
    Et je chantais le firmament.
    Depuis, toujours à l'aventure
    Je m'en suis allé, tout petit;
    Toujours j'entends la voix qui dit:
    Chante l'amour & la nature!

Partout, du Sud au Nord, sous le ciel noir ou bleu,
D'un cœur libre & content je chante la nature,
Ses couleurs, ses parfums, son rhythmique murmure,
Les profondeurs du ciel, les eaux, l'air & le feu.

Simple Chanson.

Dans le jour blanc, dans la nuit brune,
Je chante les bois, les prés verts,
Les fleurs, le soleil, ou la lune ;
Je chante aussi par les déserts !
L'Équateur & les deux Tropiques
Ont entendu mes plus doux airs,
J'ai fait sonner mes longs concerts
Sous les grands bois des Amériques.

Partout, du Sud au Nord, sous le ciel noir ou bleu,
D'un cœur libre & content je chante la nature,
Ses couleurs, ses parfums, son rhythmique murmure,
Les profondeurs du ciel, les eaux, l'air & le feu.

Chaque soir, le front dans la brise,
Je rêve d'un amour nouveau,
Qui n'est baronne ni marquise,
Et je regarde couler l'eau.
Pour moi, plus de folle aventure !
Mon cœur ne saurait s'enflammer ;
J'ai juré de ne plus aimer
Que les beaux yeux de la nature.

Partout, du Sud au Nord, sous le ciel noir ou bleu,
D'un cœur libre & content je chante la nature,

Ses couleurs, ses parfums, son rhythmique murmure,
Les profondeurs du ciel, les eaux, l'air & le feu.

 Si par un beau jour d'hirondelles,
 Ou chaude nuit de rossignol,
 La mort venait ouvrir mes ailes,
 Trop heureux je prendrais mon vol;
 Et je m'en irais dans la lune
 Y chanter le soleil levant,
 Les prés, les bois, les fleurs, le vent,
 Ou le jour blanc, ou la nuit brune.

Partout, du Sud au Nord, sous le ciel noir ou bleu,
D'un cœur libre & content je chante la nature,
Ses couleurs, ses parfums, son rhythmique murmure,
Les profondeurs du ciel, les eaux, l'air & le feu.

EN CALIFORNIE.

A mon ami René Lordereau.

RUN de cheveux, d'yeux & de peau,
Gai compagnon, franc d'encolure,
Le rire en barbe, le front beau
Et tout le reste à l'aventure :
Voilà celui qu'il faut pleurer ;
Un trois-mâts l'a pris dans ses voiles,
Me l'emportant pour le leurrer
Sous d'autres cieux, d'autres étoiles.

Il est en mer, il est parti,
Mon ami,
Emportant ma pensée ;
Souffle pour lui, brise alizée !
Pousse-le doucement au port,
Et rentrez dans vos trous, vents du Sud & du Nord !

Las d'être tout, de n'être rien,
Et se croyant trop inutile,

Il est parti le bohémien,
Plantant là les sots & la ville...
Prompt de langue & hardi railleur,
Toujours le premier sur la brèche,
Sa réplique, droit au menteur,
Allait trembler comme une flèche.

Il est en mer, il est parti,
  Mon ami.

Il enchantait tout le pays
Quand les perles de sa parole
S'éparpillaient en fins lazzis,
Au souffle de sa gaîté folle;
Comme il brillait par-dessus tous,
Comme on se chauffait à sa flamme;
Mais, c'est fini, les flots jaloux
Ont emporté toute son âme!

Il est en mer, il est parti,
  Mon ami.

Il a filé comme un oiseau,
Préférant le plancher mobile
Et cinq beaux mois de ciel & d'eau,
Aux hivers de la grande ville,

Pour aller au pays de l'or;
Il va passer Ligne & Tropique,
Pour après les passer encor,
Remontant du pôle antarctique.

Il est en mer, il est parti,
  Mon ami.

Hélas! le vent occidental
Soufflait sur lui de telle sorte,
Que, pressentant l'instant fatal
Où la faim briserait sa porte,
Il est parti laissant en pleurs
Bien plus d'une qui le regrette,
Des fous pour boire à ses malheurs,
Et pour les pleurer son poète.

Il est en mer, il est parti,
  Mon ami.

C'est un ami, traitez-le bien,
Français de la Californie,
Sous son manteau de bohémien,
C'est la raison sous la folie;

Il sait bien que l'or, aujourd'hui,
N'a qu'une stérile puissance,
Que le sol est plus fort que lui
Par le travail & la science.

Il est en mer, il est parti,
  Mon ami.

D'espérance & de cieux meilleurs,
Si, comme lui, votre âme est pleine,
Partez pour l'or, vrais travailleurs,
Travaillez, prenez de la peine!
Emportez du fer & du grain,
Et sur ces bords où l'on se rue,
Vous trouverez l'or & le pain
De par vos bras & la charrue.

Allez chercher des cieux meilleurs,
  Travailleurs,
 Emportant ma pensée!
Souffle pour eux, brise alizée,
Mène-les doucement au port,
Et rentrez dans vos trous, vents du Sud & du Nord!

LE BOHÉMIEN.

I

Non *loin du pays de Gascogne,*
Mon père avait un vieux château,
Fièrement se doublant dans l'eau,
Dans l'eau verte de la Dordogne...
Un soir d'été, j'ai pris mon vol,
Et j'ai fui la sombre tourelle;
Mon aïeul était rossignol,
Ma grand'mère était hirondelle.

Un pied levé sur l'escabeau,
Guitare en main, plume au chapeau,
Faisant courir mes doigts agiles,
Je chante par les hautes villes,
D'aplomb campé sur mon manteau.

II

Je vogue & vais à l'aventure,
Par les villes & les faubourgs,

Buvant très-bien, chantant toujours,
Et cherchant le plaisir qui dure!!
Je fais trouver le pain de Dieu
Dans les chansons les plus nouvelles,
Mon front bronzé, mon œil de feu
Ensorcellant les plus rebelles...

III

Quand j'aperçois une marquise,
Voile baissé, missel en main,
Se pressant au bruit de l'airain,
Moi, je la suis jusqu'à l'église.
En vrai fils de grande maison,
Je lui présente l'eau bénite,
Et pivotant sur mon talon
Je la laisse tout interdite.

IV

A l'ombre d'une verte allée,
Quand je passe sous mon manteau,
Si quelqu'un rit de mon chapeau
Ou de sa plume désolée...
Je lui fais mettre épée à nu,
Près d'un bois, ou d'une rivière,

Là je traverse l'inconnu ;
Cela dérouille ma rapière...

v

J'ai su d'une vieille sorcière,
Dont l'œil interrogeait ma main,
Qu'un jour à l'angle d'un chemin
Je mourrais entre ciel & terre !
Mais ce jour-là prenant mon vol,
Je regagnerai ma tourelle ;
Mon aïeul était rossignol,
Ma grand'mère était hirondelle.

Un pied levé sur l'escabeau,
Guitare en main, plume au chapeau,
Faisant courir mes doigts agiles,
Je chante par les hautes villes,
D'aplomb campé sur mon manteau.

UNE PETITE LÂCHETÉ.

A M. Julien, adminiftrateur des chemins de fer.

Poète fort léger & d'argent & de gloire,
Fier bourgeois, fans pignon fur rue & vivant mal,
N'étant pas rédacteur en chef d'un grand journal,
Je viens, me fentant pris de la fureur de boire
Le cidre hâvrais qui purge & le grand air marin,
Je viens, vous connaiffant la main prompte au fervice,
Et me voici, pareil au publicifte Havin,
Aux dieux du Morning-Poft ou du Foreing-Office,
Vous demandant, monfieur, & d'avance merci,
Un bon laiffer-paffer pour m'envoler d'ici.

Salut! répondez-moi, je perche dans la rue
Houdon, numéro trois, à Montmartre, ou j'ai vue
Sur tous les horizons, dévorant des deux yeux
Le fillage enfumé de la locomotive,

Trouant les monts, sautant de l'une à l'autre rive,
Henniſſante & fuyant par de-là les monts bleus,
Plus prompte que le vent, l'aigle & le blanc nuage
Qui paſſe ſur l'azur, ſans payer ſon paſſage.

SON NOM.

A Rosa Bonheur.

ux *baisers du soleil, sur la colline en fleurs,*
Arbres, inclinez-vous aux rythmiques murmures
De la brise & de l'eau, du fin fond des verdures
Accourez, animaux ! Bœufs, mugissez en chœur
Un nom cher à la forme ainsi qu'à la couleur,
Un nom mélodieux, ton nom, Rosa Bonheur !

Ce nom, c'est le nuage égaré dans l'espace,
Se mirant aux clartés de l'eau qui dort, ou passe
Avec les blancs bouleaux, les saules bleus, l'oiseau,
Le chaume, la bergère & son mouvant troupeau.
Ce sont les beaux lointains, aux cimes empourprées
Des feux du jour naissant & des rouges vesprées...
C'est l'heure où le soleil, à l'horizon luisant
Dans la pourpre & dans l'or, apparaît ou descend,
Dardant ses longs rayons, que l'ombrage tamise,
Au chant clair des oiseaux, aux frissons de la brise.

C'est le cheval fringant, qui se cabre ou qui rue,
Hennissant aux juments; ou bien, c'est la charrue
Que promènent, fumants, six grands bœufs nivernais,
Aux lueurs du soc clair traçant un sillon frais.
C'est le chevreuil léger paissant sur la bruyère,
Ou le grand cerf planté dans la pleine lumière;
Ce sont les taureaux roux, épointant les roseaux,
Qui, se battant les flancs, du pied troublant les eaux,
Et parfois de la brise aspirant les haleines,
Mugissent aux senteurs des génisses lointaines.

Aux baisers du soleil, sur la colline en fleur,
Arbres, inclinez-vous aux rhythmiques murmures
De la brise & de l'eau! Du fin fond des verdures
Accourez, animaux! Bœufs, mugissez en chœur
Un nom cher à la forme ainsi qu'à la couleur,
Un nom mélodieux, ton nom, Rosa Bonheur!

Ombres qui grandissez aux obliques clartés
Du soleil s'abîmant dans les tranquillités
Et de l'air & de l'eau, des fleurs & des feuillages,
Ombres, effacez-vous! &, cessant vos ramages,
Oiseaux, dormez! voici l'étoile qui paraît!
A vous, doux rossignols! emplissez la forêt

De vos fraîches chansons, & sans trêve, à voix pleines,
Chantez Rosa Bonheur, à reveiller les chênes!
Là-bas, sur le coteau, la lune en son croissant,
Du beau Vesper suivie, à l'occident descend.

Partez, vers du poète en beaux rhythmes rustiques,
Sur sa palette d'or ruisselez magnifiques,
Pour que, de ce grand peintre atteignant la hauteur,
Vous puissiez, vous aussi, le célébrer en chœur,
Ce nom cher à la forme ainsi qu'à la couleur,
Et qui vivra toujours, ton nom, Rosa Bonheur!

MELANCOLICA.

PROLOGUE.

L est parti, mon amoureux,
Doublant les caps, dans la nuit brune.
Sur les flots verts, sur les flots bleus,
Sous le soleil & sous la lune,
Je l'entends dans tout ce qui bruit,
Dans chaque parfum je le flaire,
Je le vois dans tout ce qui luit,
Et sans espoir j'attends, j'espère.

Mais, las! je ne vois pas venir
　　Mon seul désir,
　Et je me sens mourir
　　De mon désir!

Je vois, à l'orient vermeil,
Des flancs dorés de la montagne,
Monter lentement le soleil,
Il ruisselle sur la campagne.

*Je fuis fon cours filencieux
Jufques au couchant qui s'enflamme,
Bruits de la terre & bruits des cieux,
J'écoute avec toute mon âme.*

*Mais, las! je n'entends pas venir
  Mon feul défir,
 Et je me fens mourir
  De mon défir!*

*Des longues ailes du moulin
Voici, là-bas, fortir la lune,
Faifant pâlir au ciel ferein
Les étoiles de la nuit brune.*

*Mais, las! je ne vois pas venir
  Mon feul défir.*

*Seule accoudée à ma fenêtre,
Je vois paraître tous les ans,
Les grands jours clairs & le printemps;
Parfums, couleurs, tout va renaître.*

*Mais, las! je ne vois pas venir
  Mon feul défir.*

Melancolia.

Clairs boutons d'or & pâquerettes,
Montrant leurs beaux seins découverts,
Sous les cieux bleus, tout grands ouverts,
Mènent la ronde des fleurettes.
Je n'entends plus que la chanson
Des coucous & des alouettes,
De la grenouille & du grillon,
Des rossignols & des fauvettes.

Mais, las! je n'entends pas venir
  Mon seul désir;
 Me faudra-t-il mourir
  De mon désir?

MIDI.

Le soleil, libre de nuages,
Dans le grand ciel, juste au milieu,
Va dévorant la plaine en feu,
Jaunissant l'herbe, les feuillages,
Et faisant dessous l'azur gris,
Dans la canicule insensée,
Pétiller l'or des lourds épis,
Penchés sur leur tige épuisée.

Mais, las! je ne vois pas venir
  Mon seul désir.

Les troupeaux vont cherchant l'ombrage,
Par le chaud du jour accablés,
Sous les vieux ormes isolés,
Dans l'infini du pâturage.
Les oiseaux ont quitté les nids
Du sein des blés, dans la campagne,
J'entends rappeler la perdrix
Du sentier creux de la montagne.

Hélas! je ne vois pas sortir
  Mon seul désir,
 Et je me sens mourir
  De mon désir!

Sous le plein soleil qui ruisselle...
Dans la verdure & les épis,
Comme argent vif en ses replis
L'eau de la rivière étincelle.
Le pâtre clame à pleine voix
Sa chanson que l'écho répète;
La chasse meurt au fond des bois,
J'écoute chanter la fauvette.

Mais, las! je n'entends pas venir
         Mon feul défir.

SOIR.

Au bruit cadencé du battoir,
Les brebis roulent des collines,
Courant, dans les rougeurs du foir,
S'abreuver aux mares voifines.

Mais, las! je ne vois pas venir
         Mon feul défir.

Les bœufs mugiffent au foleil
Qui s'abîme dans les verdures,
Enflammant le fommet vermeil
Du bois qui s'enfle des murmures
De l'air & des courantes eaux,
Des croaffements de corbeaux
Et des gazouillements d'oifeaux
Dans les buiffons, fous les ramures.

Mais, las! je n'entends pas venir
         Mon feul défir,
       Et je me fens mourir
            De mon défir!

NOX.

Les cimes doucement s'éteignent,
Et voici Vesper qui paraît,
La brise a fraîchi, tout se tait,
Les étoiles dans l'eau se baignent.

Mais, las! je ne vois pas venir
    Mon seul désir.

Le rossignol, au fond du bois,
Par intervalles chante encore,
Mais c'est pour la dernière fois;
Je resterai jusqu'à l'aurore,
Chantre d'avril, pour écouter
Ton doux chant des jours qui grandissent,
O toi qui cesses de chanter
Au bout de juin, quand ils finissent!

Mais, las! je n'entends pas venir
    Mon seul désir.

Sur un blanc navire à la voile,
Là-bas, là-bas, en pleine mer,
Je le vois d'ici, l'œil en l'air,
Contemplant cette même étoile!

Melancolia.

Mais, las! je ne vois pas venir
  Mon seul désir.

Beau Vesper, au regard si doux,
Que la terre en tournant entraîne,
Étoile ou terre, arrêtez-vous;
Ne finis pas, chanson lointaine,
Je l'ai vu dans tes rayons d'or...
Vesper, ne descends pas encor!
Mais la voilà, toute en ramée.
Salut! étoile bien aimée.

Hélas! je ne vois pas venir
  Mon seul désir.

Je vois sous l'éclat des feuillages,
Le long des eaux, des bois, des prés,
Étinceler les fruits pourprés
Dans les rayons & les ramages.
Le vert s'en va, tout est fini;
Debout planté sur une tonne,
Ceignant de houx son front jauni,
Voici venir le rouge Automne.

Mais, las! je ne vois pas venir
  Mon seul désir.

Faisant danser les feuilles mortes,
Au rhythme de son chant glacé,
Le vent du Nord, dessous les portes,
Semble la voix d'un trépassé.
Le soleil rond, dedans la brume,
Ensanglantant les noirs rameaux,
Tombe là-bas! Et les corbeaux
Vont croassant... Le hameau fume...

Mais, las! je ne vois pas venir
    Mon seul désir.

ÉPILOGUE.

Sur le coteau, la cloche tinte;
Par le froid le fleuve arrêté
Ne chante plus sa liberté,
Et la nature semble éteinte.
Le bucheron, en deux plié,
Gagnant sa cabane isolée,
Se hâte à travers la vallée,
Sous son fardeau de bois lié.

Mais, las! je ne vois pas venir
    Mon seul désir.

Il neige... Et du fond de mon cœur,
Tant mieux! tous les bruits vont se taire.
La neige, douce à ma douleur,
Tisse pour moi ce blanc suaire.

Mais, las! je ne vois pas venir
  Mon seul désir,
Et je me sens mourir
  De mon désir!

LE CHANT DU CORSAIRE.

MA GOËLETTE.

ENEZ tous voir ma bien-aimée,
Qui tangue & roule sur les mers,
Voiles au vent, bien espalmée,
Ses mâts penchés fendant les airs!

I

De haut en bas bien façonnée
Du taille-mer à l'étambot,
Et de grément bien ordonnée,
Longue, fine & large de bau;
Il faut la voir monter, légère,
Sur les flots bleus, sur les flots verts,
Moins belle encor vent à l'arrière
Que vent debout & de travers.

II

Une femme au profil antique
Se dresse à sa guibre, & fait bien

Avec son triangle & sa pique,
La gerbe & le bonnet phrygien...
Cette vierge à face muette,
Qui vous regarde avec fierté,
A même nom que ma goëlette,
Elle s'appelle Liberté.

Venez tous voir ma bien-aimée,
Qui tangue & roule sur les mers,
Voiles au vent, bien espalmée,
Ses mâts penchés fendant les airs !

VENT ARRIÈRE.

III

Quand panne sur panne elle roule,
Que sa vergue effleure en passant
Les sommets de la grande houle,
Qu'elle escalade en frémissant,
Son pont, plus blanc que neige, éclate,
Et montrant leurs canons ardents,
Ses sabords couleur écarlate
Semblent ses lèvres sur ses dents.

VENT DEBOUT.

III

Par vent debout on la sent vivre,
Sa poupe vibre sous les pieds,
Elle tangue en montrant son cuivre,
L'eau ruisselle des écubiers...
Ses manœuvres s'effarant toutes,
Semblent ses cheveux dans le vent
Qui fait les haubans, les écoutes,
Craquer de l'arrière à l'avant.

IV

C'est l'heure où son avant s'emperle
Dans le poudrin éblouissant
Du flot moutonnant qui déferle
Et qu'elle tamise en passant...
Sous ses voiles d'un blanc de givre,
Elle va se cabrant, plongeant...
L'œil ébloui se plaît à suivre
L'éclat de son sillon d'argent.

Venez tous voir ma bien-aimée,
Qui tangue & roule sur les mers,

Voiles au vent, bien eſpalmée,
Ses mâts penchés fendant les airs!

PARE!! A VIRER!!

I

Vive, ardente & bien élancée,
Elle vous vire vent devant,
Auſſi vite que la penſée,
Sans ceſſer d'aller de l'avant...
Amure! borde! & puis arrive!!
Revenant de ſuite au plus près,
Sans perdre un pouce à la dérive,
Qu'il vente fort, ou petit frais.

Venez tous voir ma bien-aimée,
Qui roule & tangue ſur les mers,
Mizaine au vent, bien eſpalmée,
Ses mâts penchés fendant les airs!

II

De ſa figure la plus ample
Premier quart ou ſimple croiſſant,
La lune, heureuſe, la contemple,
Pâle, ou blanche, ou couleur de ſang;

Car, selon sa couleur, la lune
Dit aux gens du gaillard d'avant,
Tout en faisant leur nuit moins brune,
S'il fera beau, pluie ou grand vent.

III

Au clair de lune elle est charmante,
Son ombre la suit, s'allongeant
Dessus la lame étincelante
De fin cuivre & de vif-argent...
A l'encontre du flot qui brise,
Couvrant tout, le gaillard d'avant,
Elle se darde dans la brise,
Malgré sa barre toute au vent.

Ah! venez voir ma bien-aimée,
Qui roule & tangue sur les mers;
Voiles au vent, bien espalmée,
Ses mâts penchés fendant les airs!

IV

Cette beauté qui toujours vibre
De la quille au fin bout des mâts
Est le plancher de l'homme libre;
Le lâche ne le connaît pas...

Et par beau temps, vent, grêle ou pluie,
Sur le flot bleu, blanc, vert ou brun,
Malheur à l'homme qui s'ennuie !
C'est l'homme indigne d'en être un.

V

Elle a pour éternel cortége
Les étoiles & le soleil,
Les beaux jours, la pluie ou la neige,
L'aurore & le couchant vermeil.
Mâts inclinés sur son arrière,
Elle se rit de tout danger ;
Pour passer un vaisseau de guerre
L'alcyon n'est pas plus léger

Que ma goëlette tant aimée,
Qui tangue & roule sur les mers,
Voiles au vent, bien espalmée,
Les mâts penchés fendant les airs.

SOUS LES TROPIQUES.

I

Quand elle fuit sous toutes voiles,
A l'heure sainte où la fraîcheur

Semble descendre des étoiles,
Qu'il est doux d'écouter, rêveur,
Sa carène qui se lamente,
Vous berçant amoureusement
Au bruit du vent qui pleure & chante
Dans les hauts mâts un air charmant!

II

Quand elle bondit sur la lame
Tout autour d'elle, dans la nuit,
Le flot phosphorescent s'enflamme
Et tout son sillage reluit.....
On se sent fier, on est à l'aise,
Dessous un ciel éblouissant,
De traverser cette fournaise
Debout sur son pont frémissant.....

III

Avant de s'endormir on pense
Au doux plaisir de te revoir,
O mon tant doux pays de France!
Illusions! rêves d'espoir!
Chers souvenirs du premier âge,
Dans la maternelle maison,

*Vont paſſant comme un blanc nuage
Qui fuit rapide à l'horizon.*

IV

*Enfin, dans mes ſonges de flamme,
Parfois d'amour je rêve un peu,
Mais quand je veux donner mon âme,
Avec ſes longs baiſers de feu,
Qui ſe préſente à ma penſée
Sous ſes beaux flottants pavillons,
Sa brigantine renverſée,
Son pont blanc, ſes luiſants canons.*

*C'eſt ma goëlette tant aimée,
Qui roule & tangue ſur les mers,
Voiles au vent, bien eſpalmée,
Ses mâts penchés fendant les airs.*

LE DIABLE A BORD.

CHANSON FANTASTIQUE.

Sur *le gaillard d'avant, amis, qu'on verse à boire!*
Quand nous aurons tout avalé,
Je vous raconterai l'histoire
D'un petit brick ensorcelé,
Par une belle fille noire;
En attendant, qu'on verse à boire!

Par un beau soir, sur un brick qui filait
Vingt nœuds à l'heure, & lestement doublait
Le cap d'Azur de l'Ile Fortunée,
Une négresse apparut sur le pont...
Qu'elle arrivât de Chine ou de Guinée,
De la Grand'-Hune ou des bords du Japon,
Nul ne l'a su, mais notre capitaine,
Un homme rude & prompt comme un poignard,
S'éprit soudain pour la belle Africaine;
C'était à bord du beau brick le Flambard.

En pleine mer, une nuit qu'il ventait,
Et que le flot sur le pont déferlait,
Il arriva que sous le ciel plus sombre
Le commandant fut enlevé du bord.
Son lieutenant disparut comme une ombre,
Les matelots eurent le même sort...
Mais bien me prit de rester insensible
A cette femme aux désirs monstrueux,
Qui, vers minuit, par un orage horrible,
Au gouvernail m'apparut l'œil en feux.

Sur le gaillard d'avant, amis, qu'on verse à boire !
    Quand nous aurons tout avalé,
    Je vous raconterai l'histoire
    D'un petit brick ensorcelé
    Par une belle fille noire;
    En attendant, qu'on verse à boire !

Jusqu'au matin, sous l'horrible fracas
Du vent, des flots; au craquement des mâts,
Dans les éclairs de l'affreuse tourmente,
Ce timonier me tint tout haletant.
Me fascinant sous sa prunelle ardente,
Lors, par trois fois, éperdu, haletant,

Je me fignai, recommandant mon âme
A faint Antoine... Amis, au même inftant
Tout s'engouffra! le navire & la femme...
Or, cette femme! eh bien, c'était Satan.

Sur le gaillard d'avant, amis, qu'on verfe à boire!
 Quand nous aurons tout avalé,
 Je vous achèverai l'hiftoire
 D'un petit brick enforcelé
 Par une belle fille noire;
 En attendant, qu'on verfe à boire!

Vieux loups de mer, qui m'écoutez ici
Bouche béante, écoutez bien ceci:
Du fud au nord, du couchant à l'aurore,
Portant l'enfer en fes flancs fulfureux,
Ce brick maudit fur les mers vogue encore,
Et fa rencontre eft un préfage affreux;
Depuis, j'ai fu, je le foutiens quand même,
Qu'il faut toujours laiffer fa femme au port,
Que l'embarquer, c'eft le moyen fuprême,
Le plus certain, d'avoir le diable à bord.

Sur le gaillard d'avant, amis, qu'on verfe à boire!
 Quand nous aurons tout avalé,

*Je recommencerai l'hiſtoire
Du petit brick enſorcelé
Par une belle fille noire;
En attendant, qu'on verſe à boire!*

PERDU CORPS ET BIENS.

CONTE FANTASTIQUE.

IEUX *matelots, vite en prière!*
La sibylle l'avait prédit,
On ne revoit jamais la terre
Quand on rencontre en mer le vaisseau le Maudit.

I

Ainsi chantait dans la nuit brune
Une voix qui semblait des cieux
Criant: Là-bas! dessous la lune,
Il a passé tout radieux.
C'est le Maudit qui, sur les lames,
Portant la voile en vrai rocher,
Ses sabords lançant feux & flammes,
Vogue rapide & sans broncher.

Vieux matelots, vite en prière!
La sibylle l'avait prédit,
On ne revoit jamais la terre
Quand on rencontre en mer le vaisseau le Maudit.

II

Les plus fiers dans la grande hune,
De s'élancer tous à la fois,
Et ce qu'ils virent sous la lune
Leur rendit les cheveux tout droits.
Dans la brise toujours plus ronde
Tout le gréement se lamenta,
Puis, comme un cri de l'autre monde,
Dans les hauts mâts la voix chanta :

Vieux matelots, vite en prière !
La sibylle l'avait prédit,
On ne revoit jamais la terre
Quand on rencontre en mer le vaisseau le Maudit.

III

Sur les vergues du brick qui roule
Le feu follet danse & reluit.....
Alcyons d'apparaître en foule,
En voltigeant dedans la nuit.....
Et comme en suivant leur sillage
Le mousse en pleurs, songeant au port,
Chantait un air de son village,
La voix d'en haut clama plus fort :

Vieux matelots, vite en prière !
La sibylle l'avait prédit,
On ne revoit jamais la terre
Quand on rencontre en mer le vaisseau le Maudit.

IV

Alors on vit le capitaine,
A deux mains se tenant le front,
S'agiter comme une âme en peine,
Allant, revenant, sur le pont ;
Prenant les ris, serrant les voiles.....
Tout l'équipage est dans les mâts !
Mais la voix tombant des étoiles
Hurle toujours avec fracas :

Vieux matelots, vite en prière !
La sibylle l'avait prédit,
On ne revoit jamais la terre
Quand on rencontre en mer le vaisseau le Maudit.

V

Vent fut grand vent, grand vent tempête,
Sous l'eau plus blanche un rocher noir,

De ci, de là, montrant sa crête,
Que c'était chose horrible à voir.
Et quand sous l'eau sombra la lune,
Un pauvre brick aussi sombrait;
A genoux dans la grande hune,
Tout l'équipage en chœur chantait :

Vieux matelots, vite en prière !
La sibylle l'avait prédit,
On ne revient jamais sur terre
Quand on rencontre en mer le vaisseau le Maudit.

UN HOMME A LA MER.

I

Sous la nuit sombre & sans étoiles,
    Par grosse mer & loin du port,
On a cargué les hautes voiles,
Il vente de plus en plus fort.
Sous le flot qui déferle & gronde,
Ils se hâtent, les francs gabiers,
La cloche appelant tout le monde
Pour le bas ris dans les huniers.

De l'arrière au mât de misaine,
Hâtons-nous! le vent n'attend pas;
Ainsi le veut le capitaine
        Du grand trois-mâts.

II

L'équipage dans la mâture
Sur tous les points s'est élancé,
Et sur la vergue à l'empointure
Le plus leste s'est avancé.....

Quand tout à coup un cri sauvage
Sonna plaintif & sans espoir,
Et dans les lueurs du sillage
Un matelot passa tout noir.

De l'arrière au mât de misaine,
Hâtons-nous! le vent n'attend pas;
Ainsi le veut le capitaine
    Du grand trois-mâts.

III

Le capitaine a dit : Silence!
Sauvons d'abord le grand trois-mâts;
Quand le danger pour tous commence,
Non, pour un seul je n'attends pas.....
Que la vague lui soit légère!
Et si nous revoyons le port
Nous dirons à sa vieille mère,
Nous lui dirons..... qu'il ventait fort.

Du grand mât au mât de misaine,
Hâtons-nous! le vent n'attend pas;
Ainsi le veut le capitaine
    Du grand trois-mâts.

CONTE A BORD.

Écoutez, & silence à bord!
Oui, vrai Dieu! c'est le conte étrange
Du grand trois-mâts le Michel-Ange,
Perdu corps & biens loin du port.

I

C'était le trois-mâts le plus brave
Qui fût sorti de Saint-Malo :
Fin de l'estambot à l'étrave,
Haut de mâture & ras sur l'eau ;
Comme un pirate à mine fière,
Vuidé de poupe, hardi d'avant,
Long de vergues, mâts en arrière,
Pouvant refouler mer & vent.

II.

Enfants, la chose est rude à croire,
Ses voiles étaient en satin,
Ses mâts d'argent, son pont d'ivoire :
Le tout passementé d'or fin.
Si que... l'éclat de l'entourage,
Sous le soleil, soir & matin,

Le faifait beau comme un nuage
Dedans les pourpres du lointain.

III

De blanches filles demi-nues,
Ceinture au vent, dos renverfés,
De cheveux toutes répandues,
Frappaient les ponts, bras enlacés.
Mouffes joufflus, aux blanches ailes,
Servaient les voiles & les mâts,
Allant comme des hirondelles...
Les matelots buvaient en bas!

IV

Sous le ciel bleu, fous les étoiles,
Où donc allait ce fin vaiffeau,
Suivi de l'ombre de fes voiles
Effleurant les courbes de l'eau?
Braffé carré, vent à l'arrière,
Plein de chanfons & de bon vin,
Il filait tout droit fur Cythère,
Sans trop connaître le chemin.

V

Or, une nuit, de la grande hune,
A l'heure jaune où l'horizon

Doucement avalait la lune
Par deux nuages de coton,
Dans un dernier rayon de cuivre,
On vit paraître un vaisseau blanc,
Qui chancelait comme un homme ivre...
Un cri perçant brisa son flanc.

VI

La voix se prit à nous poursuivre
En ricanant : Le diable est noir !
La lune est morte : il faut la suivre...
SCHIP HAIYE !!! ouvre l'œil au bossoir !
Bientôt aux crix de terre ! terre !
Tout s'ébranla d'un rude choc,
Et le fin voyage à Cythère
S'arrêta tout court sur un roc !

VII

Au creux des lames tournoyantes
On vit tourner voiles & mâts,
Marins & filles ruisselantes,
Les uns nageant, les autres pas...
Grâce au secret d'une prière
Qui fait qu'on peut marcher sur l'eau,
Ni plus ni moins qu'un vrai saint Pierre,
J'ai pu rattraper Saint-Malo.

VIII

Un soir, j'arrive à ma chaumière :
J'ouvre, je vois cerclant le feu,
Sous la quenouille de leur mère,
Trois beaux enfants qui priaient Dieu...
Ma femme a dit : Dessus les ondes,
Pauvre exilé, quand tu voguais,
Pour nourrir ces trois têtes blondes,
Que de quenouilles je filais !

IX

On peut dire : La terre est ronde,
Quand on a fait sur un vaisseau,
Trois fois, sept fois, le tour du monde,
Toujours entre le ciel & l'eau :
Mais si l'épouse devient mère
Quand le mari va sur les flots,
Croyez-vous qu'il soit vraiment père ?
Répondez-moi, francs matelots.

Ecoutez, & silence à bord !...
Ici finit le conte étrange
Du grand trois-mâts le Michel-Ange,
Perdu corps & biens loin du port.

LE GRAND TROIS-PONTS.

E grand trois-ponts met à la voile,
   La brigantine a faſſayé;
L'ancre eſt à pic, largue la toile,
Borde les focs, tout eſt payé.
     Vent à l'arrière,
     Adieu la terre;
Les hôteliers ſe ſouviendront
Des matelots du grand trois-ponts!

Toutes les filles ſur la plage,
Les bras tendus, l'œil vers les cieux,
Des pleurs inondant leur viſage,
Agitent leurs derniers adieux!
     Vent à l'arrière,
     Adieu la terre;
Oui, les filles ſe ſouviendront
Des matelots du grand trois-ponts!

L'eſcadre vogue allant en guerre,
Sabords levés, canons aux flancs,

Les pavillons flottant derrière;
Nos ennemis ne font pas blancs.
  Vent à l'arrière,
   Adieu la terre;
Les ennemis se souviendront
Des matelots du grand trois-ponts !

Notre amiral est rude à cuire,
Et se fera couler, dit-on,
Au fin fond du liquide empire,
Plutôt qu'amener pavillon.
  Vent à l'arrière,
   Adieu la terre;
Les flots béants se souviendront
Des matelots du grand trois-ponts !

Le Vengeur, sous la République,
Dans la fumée & les débris,
Fit un grand trou dans l'Atlantique,
Mais les Anglais ne l'ont pas pris.
  Vent à l'arrière,
   Adieu la terre;
Les flots fermés se souviendront
Des matelots du grand trois-ponts !

Les livres diront notre hiſtoire,
On en fera de grands tableaux,
Et l'amiral aura la gloire
De s'être enfoncé ſous les eaux.
  Vent à l'arrière,
  Adieu la terre;
Les flots tout ſeuls ſe ſouviendront
Des matelots du grand trois-ponts!

OUVRE L'OEIL AU BOSSOIR!

SOIR, EN PLEINE MER

ux *flancs du bord, devant, derrière,*
Pourquoi, sinistres alcyons,
Nous suivre ainsi d'aile légère?
Que voulez-vous, noirs compagnons?
Ames en peine des naufrages,
Qu'annoncez-vous, petits oiseaux?
Venez-vous du fond des orages
Pour nous dire, en rasant les eaux,
   Qu'il faut, quand il survente
   A décorner les bœufs,
   Que, mugissant comme eux,
   L'Océan se tourmente,
   Qu'il faut, quand vient le soir,
   Ouvrir l'œil au bossoir.

Vous connaissez ces rocs sauvages,
Fantômes noirs des ouragans,

Sortant soudain loin des rivages,
Du flanc discret des océans.
Dans la tourmente faisant rage
Vous avez vu plus d'un vaisseau
Laisser sa coque & l'équipage
Sur leurs sommets cachés sous l'eau.

Alcyons de mauvais présages,
Ames des matelots défunts,
Surnageant du fond des naufrages
Pour voltiger sur les flots bruns,
Prompts précurseurs de la tempête,
Sombres oiseaux, vous allez voir
Que nous saurons lui tenir tête,
Et gare au grain! veille au bossoir!

AVANT LE GRAIN.

Le long des vergues, sur la hune,
Le feu Saint-Elme va dansant...
Le rouge croissant de la lune
Tombe à l'horizon menaçant...
La nuit se rue, & les étoiles
Se dérobent sous un ciel noir...
Range à carguer les hautes voiles,
Et gare au grain! veille au bossoir!

LE GRAIN.

Par la gueule de fes ténèbres
L'horizon engloutit l'éclair
Avec des roulements funèbres...
Et blanchiffant toute la mer
Le grain s'abat... Veille à l'écoute
De grande voile!! & barre au vent!!
Laiffe arriver!! La barre toute!!
Traverfe le grand foc devant!!

EN CAP.

Serrant fes voiles éperdues,
Le navire arrive en fuyant,
Sous l'éclair, au fracas des nues,
Puis l'inftant d'après capéïant...
Le voilà libre & faifant tête
Au flot qui le bat comme un roc,
L'avant tourné dans la tempête,
Sous fa benjamine & fon foc.

PENDANT LA TEMPÊTE.

Tout illuminé par la flamme
Des prompts éclairs, le fier vaiffeau

Se câbre & plonge sous la lame
Qui retombe en montagne d'eau
Sur le pont, faisant place nette,
Enfonçant lisses & pavois,
Le commandant, sur la dunette,
Hurlant dans son grand porte-voix :
 Il faut, quand il survente
 A décorner les bœufs,
 Que, mugissant comme eux,
 L'Océan se tourmente,
 Il faut, sur l'avant noir,
 Ouvrir l'œil au bossoir.
 Ouvre l'œil au bossoir !

ACCALMIE.

Mais les étoiles reparaissent,
Le vent s'arrête de mugir,
Les flots sur eux-mêmes s'affaissent,
Et tout l'orient de rougir...
Les astres apparus s'éteignent,
Et flots, & cieux, voiles & mâts
Des feux du jour naissant se teignent...
Le vaisseau roule avec fracas.

Le soleil extollant sa face
De l'Océan tumultueux,

Applanit subito *l'espace,*
Chassant les vents impérieux ;
Mais Zéphyr, d'une main légère,
A toutes les voiles largué :
Voilà le trois-mâts vent arrière,
Point de grand'voile au vent cargué.

Il s'en va dans la brise ronde,
Dedans les fraîcheurs du matin,
Effleurant les courbes de l'onde
Pour attraper le bleu lointain ;
Et ce lointain bleu c'est la terre,
Le rêve caressé, l'espoir...
Enfants, de l'avant à l'arrière,
Pour être sûrs de la revoir...

   Qu'il fasse beau, qu'il vente
   A décorner les bœufs,
   Que, mugissant comme eux,
   L'Océan se tourmente,
   Il faut sur l'avant noir
   Ouvrir l'œil au bossoir.
   Ouvre l'œil au bossoir !

TERRE!! TERRE!!

Terre! terre! la terre! Encor quelques lieues
  Et d'attente & d'espoir,
  Nous allons les revoir,
 Là-bas! sur ces rives si bleues,
 Fleurs aux cheveux, perles au cou,
 Les belles filles du Pérou.

CALME PLAT.

 Mais la voile engourdie
 S'éveille par instants
 Aux souffles impuissants
 De la brise attiédie;
 Le flot ridé s'endort,
 Le chien, l'ami du bord,
 Les narines ouvertes,
 Aspirant du lointain
 Des senteurs d'herbes vertes,
 Hurle dans le matin.

Terre! terre! la terre! Encor quelques lieues
  Et d'attente & d'espoir,
  Nous allons les revoir,
 Là-bas, sur ces rives si bleues,

Fleurs aux cheveux, perles au cou,
Les belles filles du Pérou.

Hourrah ! voici la brise,
Le grand trois-mâts bondit,
S'avance... & tout verdit
Sous la falaise grise...
Dans les lointains plus clairs
L'oiseau blanchit les airs...
Pour fixer la carène,
Enfin, glissant du bord,
Avec un bruit de chaîne
L'ancre a mordu le port.

Terre ! terre ! la terre ! Ah ! c'est assez de lieues
  Et d'attente & d'espoir,
  Enfin nous pouvons voir,
 Aux pieds de ces rives si bleues,
Fleurs aux cheveux, perles au cou,
Les belles filles du Pérou.

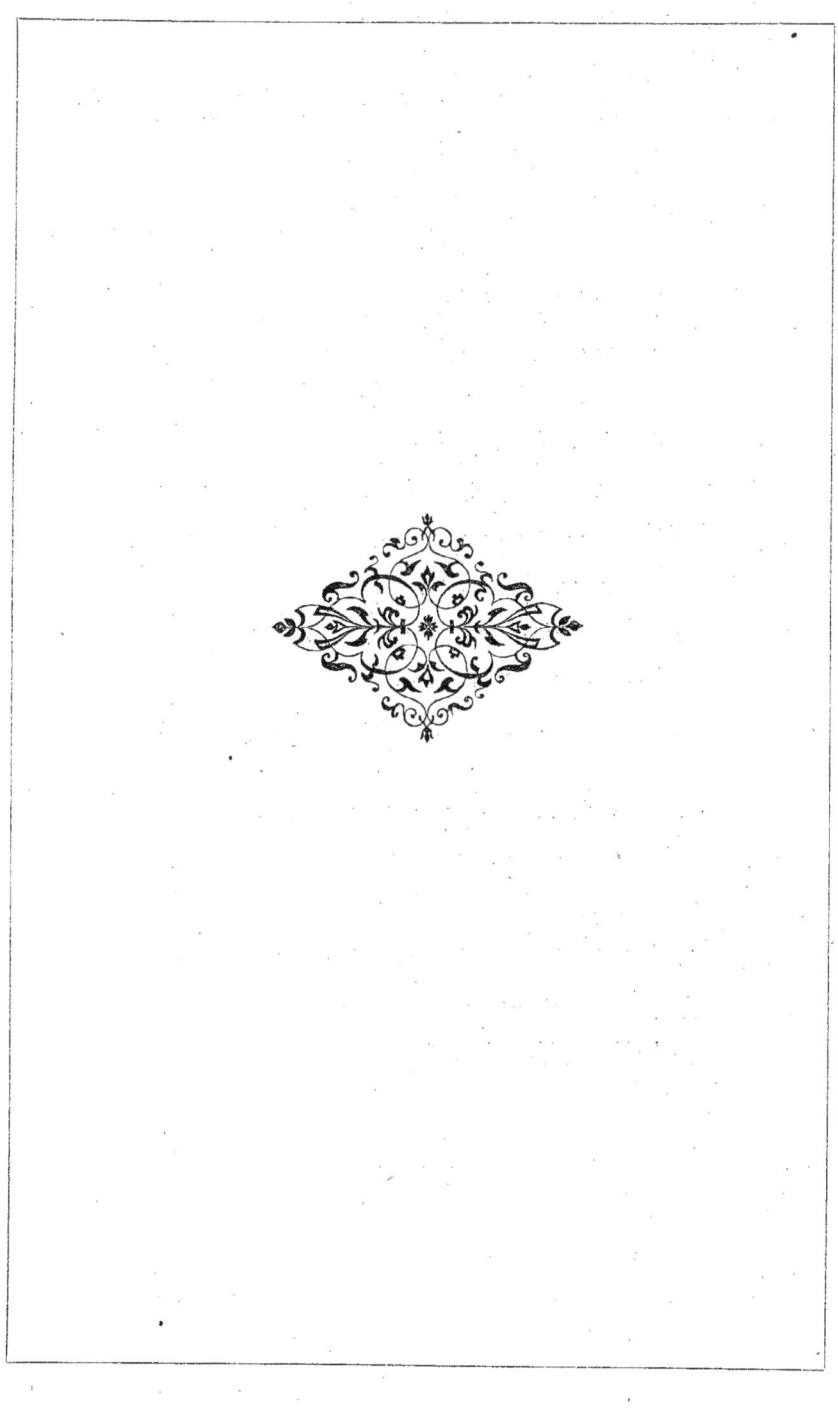

LA PATRIE EN DANGER.

CHANT. — 1870.

A Gambetta.

RÉPONDANT *au canon, le tocsin des alarmes*
Vibre à travers les cris de patrie en danger!
Sur ce sol frémissant des pas de l'étranger
Levons-nous, citoyens! Levons-nous tous! Aux armes!
   Aux armes, citoyens! Aux armes!...

I

Le glaive & les cheveux au vent,
La France pâle, & flamme en tête,
Va rugissant! Rien ne l'arrête.
Allons! République, en avant!...
On va voir sur la terre ronde
Les monts s'abaisser sous tes pas,
Les ponts sortir de l'eau profonde,
Les forêts ouvrant leurs grands bras.

Répondant au canon, le tocsin des alarmes
Vibre à travers des cris de patrie en danger!
Sur ce sol frémissant des pas de l'étranger

Levons-nous, citoyens! Levons-nous tous! Aux armes!
    Aux armes, citoyens! Aux armes!...

II

Ce cri puiſſant de liberté
Juſqu'au plus fin fond des ténèbres
A réveillé les morts célèbres
Dans leur ſuaire enſanglanté...
Sourds roulements, éclats de cuivre
Les dreſſent tous de leur réduit.
Les voilà debout pour revivre
Débrouillant leurs os dans la nuit.
Levons-nous, citoyens! Levons-nous tous! Aux armes!
    Aux armes, citoyens! Aux armes!...

III

Avec un grand bruit d'oſſements,
De tous côtés les blancs ſquelettes
Vont dérouillant les baïonnettes,
Accroupis ſur les monuments.
L'un mire à la lune un grand glaive,
L'autre un caſque qu'il a poli.
Fuſillés! pendus! tout ſe lève
Pour courir au grand hallali.

Levons-nous, citoyens! Levons-nous tous! Aux armes!
Aux armes, citoyens! Aux armes!...

IV

Ferme plantés sur les chemins,
Tous ces squelettes intrépides,
Pour donner du cœur aux timides,
Vont s'élancer la faux aux mains...
Forçant les vivants à les suivre,
Les morts vont apprendre à mourir
A tous ceux qui sont las de vivre
Sous l'opprobre & le bon plaisir.
Levons-nous, citoyens! Levons-nous tous! Aux armes!
Aux armes, citoyens! Aux armes!...

V

Dans l'épouvantable trépas,
Les rochers eux-mêmes se ruent,
Et les grands peupliers saluent
Les vieux chênes marchant au pas.
Toute la nature se lève
Pour entraîner l'humanité
A dégaîner le dernier glaive
Au nom de la fraternité.

Levons-nous, citoyens! Levons-nous tous! Aux armes!
Aux armes, citoyens! Aux armes!...

VI

Du creux du val aux bleus lointains
Entends-tu cette voix qui crie?
C'eſt ta mère, c'eſt la patrie!...
Marchons! Aux armes, citoyens!...
Juſqu'au plus fort de la bataille,
Dans le feu, la poudre & le plomb,
Le cou tendu ſous la mitraille,
Allons-y d'ardeur & d'aplomb!
Levons-nous, citoyens! Levons-nous tous! Aux armes!
Aux armes, citoyens! Aux armes!...

VII

Allons, décrochons les fuſils!
Levons-nous, vengeurs héroïques!
Empoignons les pioches, les piques,
Emmanchons les tranchants outils!...
Debout! maſſes exaſpérées,
La fourche en main ou brandiſſant
Dans l'air les faux déſeſpérées,
Allons-y les pieds dans le ſang!...

Levons-nous, citoyens! Levons-nous tous! Aux armes!
    Aux armes, citoyens! Aux armes!...

VIII

Des cités aux hameaux troublés...
Hourrah! les assassins vont vite
A travers les troupeaux en fuite,
Saccageant la vigne & les blés...
Courant des caves aux alcôves,
La torche en main sur les greniers;
Pour écraser ces bêtes fauves,
Oh! n'arrivons pas les derniers!

Répondant au canon, le tocsin des alarmes
Vibre à travers les cris de Patrie en danger!...
Sur ce sol frémissant des pas de l'étranger,
Levons-nous, citoyens! Levons-nous tous! Aux armes!
    Aux armes, citoyens! Aux armes!...

—

ENVOI A LA RÉPUBLIQUE.

Je voudrais, République, avoir cent mille bouches
Pour proclamer ta gloire en disant tes revers,
Et le cerveau d'un dieu pour y créer des vers
Qui puissent se mâcher ainsi que des cartouches,

Se couler en canons, s'ajuster en fusils,
Se recourber en faux, en beaux tranchants outils,
S'aiguiser, s'effiler, &, lames bien trempées,
Flamboyant sur le ciel, s'allonger en épées;
Ces vers avec amour je les enfanterais
Et, tout frais émoulus, je te les enverrais.

A L'ASSASSIN !

EN POLOGNE (1860).

—

PEUPLES, entendez-vous ce grand peuple qui prie
Et qui, las de prier, en étouffant vous crie,
Du sang dedans la gorge & le poignard au sein :
A l'assa sa sa sa sa sa sa sas sin !...

C'est la Pologne qu'on égorge ;
Sus aux assassins ! & quittons
L'atelier, le sillon, la forge !
Debout ! n'attendons pas ! courons,
Et que Dieu foudroie & qu'il arde
L'homme sans cœur & sans dessein,
Qui se croisant les bras regarde
Froidement tuer son voisin !

Au nom sacré de la patrie,
Au nom du diable ou du bon Dieu,
De Jésus, de Vierge Marie,
Courons-y comme on court au feu !

C'est lâchement qu'on temporise
Quand là-bas, le poignard au sein,
Toute une patrie agonise
Aux bras sanglants d'un assassin...
Sous les pieds des chevaux foulée,
Se dressant, tombant & soudain
Reparaissant échevelée,
La faux de la mort à la main.

Au nom sacré de la patrie,
Au nom du diable ou du bon Dieu,
De Jésus, de Vierge Marie,
Courons-y comme on court au feu!...

Là-bas, dans les cités en flammes,
Debout sur les débris ardents,
Faisant le cou de feu, les femmes
Mâchent la poudre à belles dents...
Pendant qu'au fond des bois le prêtre
Bénit les faux, & du lieu saint
S'élance au nom du divin Maître,
Les boiteux sonnant le tocsin...

C'est là qu'aux sanglantes retraites
On les voit s'élancer deux cents

A l'Assassin !

(Tous beaux enfants à blondes têtes)
Sous la mitraille, &, frémissants,
Se ruant sur leurs funérailles,
Tomber crispés sur les canons,
Mutilés, traînant leurs entrailles
Et mordant les écouvillons!...

Au nom sacré de la patrie,
Au nom du diable ou du bon Dieu,
De Jésus, de Vierge Marie,
Courons-y comme on court au feu!...

Quand tout est fait bleu de colère,
Le Moscovite, ivre de suif,
Massacre l'enfant sur la mère,
Fusillant, pillant, brûlant vif;
Dans les églises spoliées
Poussant les chevaux hennissants,
Sur les foules agenouillées
Devant les vieillards bénissants.

Au nom sacré de la patrie,
Au nom du diable ou du bon Dieu,
De Jésus, de Vierge Marie,
Courons-y comme on court au feu!...

Nus pieds, nus bras, nus de poitrines,
Marchons du côté du levant,
Roulant des monts & des collines,
Sus aux assassins, en avant!
Et que Dieu foudroie & qu'il arde
L'homme sans cœur & sans dessein,
Qui, se croisant les bras, regarde
Froidement tuer son voisin!...

Peuples, entendez-vous ce grand peuple qui prie,
Et qui, las de prier, en étouffant vous crie,
Du sang dedans la gorge & le poignard au sein :
A l'as sa sa sa sa sas sa sa sa sas sin?

CHANT GAULOIS.

I

L'Italie a frappé les airs
D'un appel en sa délivrance :
Des quatre coins de l'univers
Les échos ont répondu : France !...
Sur tous les champs italiens,
Aux cris des libres & des braves,
On va voir les nouveaux anciens :
La France a lâché ses zouaves !...

La poudre a parlé, les clairons au vent
Sonnent la charge & la victoire ;
La baïonnette a soif... elle demande à boire.
En avant ! en avant ! zouaves, en avant !

II

Ils s'en vont l'arme à volonté,
Le rire en barbe, & haut la tête,
Cou nu, bonnet sur le côté,
Comme des coqs à rouge crête...

*En les voyant paffer on fent
Qu'ils n'ont pas peur de teindre l'herbe
De la belle couleur du fang,
Ces prompts foldats au front fuperbe.*

III

*Avec leurs amis les chaffeurs,
Les dragons, les grenadiers graves,
Clairs cuiraffiers, fiers artilleurs,
Et les zéphyrs, & tous les braves;
Ils marchent pour la liberté,
Le bon droit & la République,
La juftice & la vérité...
Allons! debout, maffe électrique!*

*La poudre a parlé, les clairons au vent
Sonnent la charge & la victoire;
La baïonnette a foif... elle demande à boire.
En avant! en avant! zouaves, en avant!*

IV

*Comme un champ de rouges pavots,
Qui fe meut à travers l'armée,
Ils vont, fous leurs flottants drapeaux,
Dans le feu, le fang, la fumée.*

Tout se nivelle devant eux,
Ils sont là tout comme à la fête,
Avec des élans furieux,
Pour saisir l'aigle à double tête.

La poudre a parlé, les clairons au vent
Sonnent la charge & la victoire;
La baïonnette a soif... elle demande à boire.
En avant! en avant! zouaves, en avant!

V

Marchant sur le canon brutal,
Ils se traînent le ventre à terre,
Avec des ruses de chacal
Et des mouvements de panthère;
Puis, dans la poudre & les lueurs,
Comme fantômes dans un rêve,
Bondissent sur les mitrailleurs,
Rapides comme un coup de glaive.

VI

Mitraillés, fusillés, sabrés,
A travers la cavalerie,
Les caissons, les chevaux cabrés,
Ils forcent sur l'artillerie.

Tous les canons sont encloués,
Et dans la flamme & la mitraille,
On voit leurs étendards troués
Reluire au fort de la bataille.

VII.

Tels ces fiers Gaulois chevelus,
Vrais lions du pays des chênes,
Qui jadis s'élançaient tout nus
Au cœur des légions romaines,
Ils vont droit leur rouge chemin;
Et quand le fer est las de boire.
A coups de crosse & haut la main
Ils brutalisent la victoire...

La poudre a parlé, les clairons au vent
    Sonnent la charge & la victoire;
La baïonnette a soif... elle demande à boire.
En avant! en avant! zouaves, en avant!

VIII

Allez-y, terribles enfants,
Petits bien chauffés, soyez dignes,
Mourez, ou rentrez triomphants;
Mais ne saccagez pas les vignes...

Il faut laiſſer aux vrais buveurs
Qui n'ont pas perdu l'eſpérance
Et la foi dans les temps meilleurs,
De quoi boire à leur délivrance.

IX

Uniſſez-vous tous à jamais,
Peuples de France & d'Italie !
Puiſqu'il faut des Rois trouble-paix
De ſon ſang payer la folie,
Marchez une dernière fois
Pour en finir avec la guerre.
A vous, Francs, Romains & Gaulois,
L'honneur de délivrer la terre !

JEAN RAISIN.

CHANSON.

A mon ami Bigeau.

I

ANS *une vieille écorce grise*
Jean Raisin a passé l'hiver,
Il est en fleurs, le voilà vert;
Jean Raisin ne craint plus là bise!...
Il est joufflu, blanc & vermeil,
Le voilà vin; toute sa force
Ruisselant de sa fine écorce
S'échappe en rayons de soleil.

CHOEUR.

Au nom de la machine ronde,
De l'eau coulant pour tout le monde!...
Place! place! pour Jean Raisin,
Le Jean Raisin devenu vin!
Laissez donc passer Jean Raisin
Avec son vieil ami le pain!

II

Enfant chéri des hautes cimes,
Sous l'œil de Dieu libre jadis,
Il s'en allait par tous pays
Bravant la gabelle & les dîmes.
En ce temps-là, soir & matin,
Parmi les brocs & les bouteilles,
Le peuple chantait les merveilles
Et les vertus de Jean Raisin.

III

Couronné de pampre & de roses,
Joyeux, loyal, jamais menteur,
A bon marché ce franc parleur
Éclairait tous les fronts moroses.
Les rois un jour l'ont arrêté
Et l'ont chargé de mille entraves,
De gabelous, de rats de caves,
Puis les voleurs l'ont frelaté.

IV

Inspiré par Dieu notre père,
De Février le parlement
Un jour décréta sagement
Qu'on lâcherait le gai compère.

Ce jour-là, sur des airs nouveaux,
Le peuple chanta les bouteilles,
Les vins vieux, la vigne & les treilles,
La République & les tonneaux.

V

Mais voici bien une autre affaire,
Survient un second parlement
Qui, raisonnant différemment,
Vient d'empoigner le pauvre hère.
On garrottera le reclus,
On le liera pour qu'il ne bouge,
On l'accusera d'être rouge ;
Le peuple ne chantera plus.

VI

Toute la nature enchaînée
Pleure & gémit sur tous les tons,
L'air n'a son droit dans nos maisons
Qu'en passant par la cheminée.
On ferait mieux, j'y pense enfin,
D'arrêter les bois de teinture
Et le poison qui dénature
L'âme & le sang de Jean Raisin.

VII

Allons, frelateurs efcogriffes,
Apportez les clous & le bois,
Mettez Jean Raifin fur la croix,
Le diable s'en lave les griffes...
Mais par l'amour & l'union,
Comme le fils de Dieu le père,
Jean Raifin reviendra, j'efpère,
Pour la grande communion.

CHOEUR.

Au nom de la machine ronde,
De l'eau coulant pour tout le monde!...
Place! place! pour Jean Raifin,
Le Jean Raifin devenu vin!
Laiffez donc paffer Jean Raifin
Avec fon vieil ami le pain!

MONSIEUR CAPITAL.
1852

A mon ami, Pierre Dupont.

I

A *face pleine & l'air honnête,*
Ramassé dans Ma Majesté,
Je suis là, le col dans la tête,
Par le poids du ventre arrêté.
Dans les éclats de ma lumière,
La justice & l'autorité,
Le bourreau se tenant derrière,
Marchent sans cesse à mon côté.

Je suis la force & la puissance,
L'esprit, la gloire & la science;
Valeur, marchandise ou métal,
Je règne sous le nom de Monsieur Capital.

II

Invisible propriétaire,
Je tiens le travail sous ma loi,
Et si je reste sans rien faire
On ne peut rien faire sans moi.

Je suis l'inventeur de la gloire,
De la nationalité,
De la guerre & de la victoire,
Du trône & de la papauté.

III

J'ai des généraux par centaines,
Tous cousus d'or du haut en bas,
Avec officiers, capitaines,
Et, pour un sou, j'ai des soldats
Qui frapperont de solitude
Les bourgs, les hameaux, les cités,
En écrasant la multitude
Sous les débris des libertés.

IV

J'ai des robins à mon service
Fourrés d'hermine, & gens d'honneur,
Faisant si bien que leur justice
Penche toujours en ma faveur...
Et lorsqu'en moi-même je rentre,
De par la justice & la loi,
J'en ris, les poings sur mon gros ventre;
Et c'est ma comédie à moi!...

V

Dans le brasier des républiques,
Semant l'or & les grands moyens,

Je fais sur les places publiques
S'entr'égorger les citoyens.
Je pousse au meurtre, à la folie;
Sous les pieds d'un pape & d'un roi
J'ai remis la fière Italie,
Et c'est ma tragédie à moi !...

VI

Pour éclairer leur République,
Jadis le vote universel
S'élançait, rouge & magnifique,
Comme un soleil au bleu du ciel.
De par l'argent, l'or & le cuivre,
Les millions, les milliards !...
Il faudra bien qu'on m'en délivre,
J'en ai déjà pris les trois quarts.

VII

Chacun m'adore à sa manière :
L'un me jette à profusion ;
Ce vieux, m'enfouissant sous terre,
S'accroupit sur sa passion...
Sentant vivre dans sa poitrine
La sainte ardeur d'un triple gain.
Cet autre, flairant la famine,
Change son or contre du grain.

VIII

*Je prends les plus fraîches pucelles
Pour m'amuser soir & matin,
Et je n'ai d'ardeurs avec elles
Qu'à force d'être libertin.
Je flétris tout ce que je touche,
Mes embrassements sont maudits;
L'amour, en sortant de ma couche,
Regagne en boitant les taudis.*

IX

*Travailleurs, déchirez la plaine,
Fouillez le val & les hauteurs,
Le verre en main, sous un gros chêne,
Je bois le prix de vos sueurs...
Quatre fois plus fort que la terre,
Je rapporte quinze pour cent;
Un jour je mangerai ma mère,
Je boirai sa sève & son sang.*

*Je suis la force & la puissance,
L'esprit, la gloire & la science;
Valeur, marchandise ou métal,
Je règne sous le nom de Monsieur Capital.*

LE PAUVRE.

A Théodore de Banville.

ESACE *au dos, bâton en main,*
A petits pas, par la traverse,
Le pauvre va cherchant son pain,
Sous le froid, le chaud ou l'averse...
Sur le gazon, près du ruisseau,
Il mange & boit, dort à l'étable,
Son repas pris, il voit l'oiseau
S'abattre aux restes de sa table.

CHOEUR.

Sans cesse on le voit revenir
Dans les campagnes qu'il fréquente,
    Et d'une voix lente,
    Pour mieux attendrir,
    Quand il souffre, il chante.

Tous les dimanches, le matin,
Non loin du porche de l'église,
Il se plante sur le chemin
Comme un vieux saint de pierre grise :

Les mains jointes, à deux genoux :
On le voit front haut, tête nue,
Implorer la pitié de tous,
Faisant des yeux blancs à la nue.

La messe dite, il fait son tour
A chaque porte du village...
Pour quêter le repas du jour.
On lui donne, selon l'usage,
Du grain, des liards, du pain, des noix,
Souvent même, sans qu'il demande,
Et par un grand signe de croix
Il remercie à chaque offrande.

Mais voici que d'un pied discret
Il s'avance sous sa besace...
Flairant l'odeur du cabaret,
Sans oser regarder en face.
S'excitant à ses vêtements,
De chiens une troupe importune
Le poursuit de ses aboîments,
Hurlant à lui comme à la lune !...

— Allons, mon pauvre, un coup de vin ;
Bois avec nous, mange & prends place,

Le Pauvre.

Sans t'occuper sur ton chemin
Du chien que ta misère agace;
Dans son langage il te prédit
Qu'il faut à tous du pain dans l'arche,
Du linge blanc, un bon habit;
Prends ton bâton, espère & marche.

Le voyez-vous, là-bas, marchant
Comme une grande ombre qui passe
Dedans les splendeurs du couchant...
Pauvre & soleil sont face à face!
L'un va chercher son lit dans l'eau,
Et l'autre à l'étable voisine,
Dans les senteurs du foin nouveau,
Près d'une vache qui rumine.

Aux champs, le pauvre est presque heureux,
S'est dit souvent plus d'un poète,
En se couchant le ventre creux,
Les pieds froids, du feu dans la tête...
La pitié le tient par la main,
Faisant sa besace plus lourde;
Il a le grand air & le pain,
Quelquefois du vin dans sa gourde.

CHOEUR.

Sans cesse on le voit revenir
Dans les campagnes qu'il fréquente,
    Et d'une voix lente,
    Pour mieux attendrir,
    Quand il souffre, il chante.

CHANTECLAIR.

A mon ami, Ferdinand Bompois.

I

L'ÉPERON haut, portant sa crête
  Comme un bonnet de liberté,
Chanteclair va dressant la tête,
Marquant le pas, ferme planté.
Ses pattes vont en ligne droite,
Sous un croissant or & argent;
La queue en faucille miroite
D'un reflet noir & vert changeant.

II

Travailleur, luisant & superbe,
Il faut le voir, hiver, été,
Sur le fumier, la neige, l'herbe,
Grattant avec activité.
Toute la gent à crête rouge,
En coquetant, le suit de près,
Tout cela mange, cela bouge,
Mais lui ne mangera qu'après.

III

Dans un petit cercle écarlate,
Le voilà, clignant au soleil!
Sablé d'or fin, tout l'œil éclate
Des feux de l'Orient vermeil.
Lors, sur ses ergots il se hisse,
Le col gonflé vient en avant,
Tout le plumage se hérisse,
Son chant cuivré perce le vent.

Chanteclair, es-tu la prière
Des monts, des cités & du val,
Plainte éternelle de la terre,
Criant au ciel: Mon Dieu! délivre-nous du Mal?

IV

La chanson part, éclate & vibre
Comme un appel à l'hallali,
Ou le cri d'un poète libre
Que l'argent n'a point avili,
Qui louant la chose bien faite,
Flétrissant ce qui doit finir,
Se fait le sonore interprète
Des volontés de l'avenir.

V

Tous les Chanteclair lui répondent
Comme s'ils s'entendaient entre eux;
Les chants s'éloignent, se confondent,
En montant de la terre aux cieux.
Toute la rive orientale
S'empourpre de vives rougeurs,
Et l'alouette matinale
Monte, en chantant, des blés en fleurs.

Chanteclair, es-tu la prière
Des monts, des cités & du val,
Plainte éternelle de la terre,
Criant au ciel : Mon Dieu! délivre-nous du Mal?

VI

Tout aussitôt, dans la clairière,
Voici paraître une lueur
A la vitre de la chaumière!...
C'est l'étoile du travailleur.
Les autres étoiles pâlissent,
Le hibou, dans sa vieille tour,
Rentre effaré! les bœufs mugissent
L'œil tourné vers le point du jour.

VII

Le pauvre a repris sa besace,
Et dans les brumes du matin
Lentement sa forme s'efface;
La forge luit dans le lointain...
Les longs troupeaux quittent l'étable,
Les pâtres frileux leurs chenils,
Les ventrus sont encore à table,
Ouvriers, prenez vos outils.

Chanteclair, es-tu la prière
Des monts, des cités & du val,
Plainte éternelle de la terre,
Criant au ciel: Mon Dieu! délivre-nous du Mal?

—

CHANT.

Chanteclair, c'est la vigilance,
Le courage, l'activité,
L'amour, la vie & la semence,
L'éternelle fécondité!

I

Quand il battit l'aigle dans Rome,
Chanteclair s'appelait Gallus,

Et luifait, planté fur la pomme
Des étendards du vieux Brennus.
Comme emblême du vrai courage,
Toujours les Gaulois l'ont aimé;
L'afpect feul de fa claire image
Souffle l'audace à l'homme armé.

II

Au fort de l'ardente fournaife,
Quand tout tremble, le fol & l'air,
Dans le vent de la Marfeillaife
On entend chanter Chanteclair!
Et fous la mitraille enflammée
En avant quand il faut marcher,
On l'aperçoit dans la fumée
Comme un fouvenir du clocher.

III

Lorfque, renié par faint Pierre,
L'homme-Dieu pour l'humanité
Allait mourir fur le Calvaire,
Trois fois Chanteclair a chanté!
Et fur toute la terre ronde,
Tant que les épis mûriront,
A la délivrance du monde
Tous les Chanteclair chanteront.

ÉPILOGUE.

I

Quel est sur ce roc, à la crête,
Ce mélancolique assassin?
Ivre du sang de quelque bête,
Et couvant un sombre dessein!
Couronne au front, glaive à la serre,
Aile étendue, œil de côté,
Il tient en zigzag un tonnerre
Pour foudroyer la liberté.

II

Avant que sa foudre n'éclate,
Qu'on m'apporte un grand écusson,
Je veux à la muse écarlate
Ciseler dans l'or un blason,
Où je graverai pour emblême
Un rouge coq sur champ d'azur,
Sans tonnerre, sans diadême,
Tenant au bec un épi mûr.

Chanteclair, c'est la vigilance,
Le courage, l'activité,
L'amour, la vie & la semence,
L'éternelle fécondité!

LIBERTÉ, ÉGALITÉ, FRATERNITÉ.
1852.

A Étienne Carjat.

PROLOGUE.

N gratte au front des édifices
    Les noms sacrés de Liberté,
Sans oublier ses deux complices
Égalité, Fraternité !
La pauvre France désarmée
Assiste, la rougeur au front,
Aux saturnales d'une armée
Lui crachant ce suprême affront.

CHŒUR.

Mais la devise réprouvée,
Pour refleurir aux jours meilleurs
Bien mieux que sur l'airain, pour jamais est gravée
Au frontispice des grands cœurs :

LIBERTÉ.

La République spoliée,
Debout, pleurant sur ses débris,

Cache sa face humiliée,
Ses pieds sanglants, ses seins meurtris...
Pour cette mère universelle,
Traînant tout un peuple irrité,
Le glaive au poing!... terrible & belle,
Arme-toi donc, ô Liberté!...

ÉGALITÉ.

Égalité trop caressante,
De ton triangle méprisé!...
Courbe une faux étincelante,
Taille un manche au fer aiguisé...
Et comme on fait des hautes herbes,
Dans les prés mûrs, aux jours d'été,
Pour niveler les fronts superbes
Arme-toi donc, Égalité!

FRATERNITÉ.

Fraternité, le prolétaire
Est enfin las d'avoir aimé.
Pour commencer la sainte guerre
Le monde attend son Christ armé!
Paix à l'amour! place à la haine!
De par la sainte vérité

Et l'exécrable race humaine,
Arme-toi donc, Fraternité!

ÉPILOGUE.

Déshérités, race souillée,
Brouteurs d'herbe & buveurs de fiel,
Votre voix, de larmes mouillée,
Se perd dans les chemins du ciel!...
Allons, debout! troupe immortelle,
Vos destins, sur l'axe arrêtés,
Reprendront leur marche éternelle;
Armez-vous donc, déshérités...

CHOEUR.

Mais la devise réprouvée,
Pour refleurir aux jours meilleurs,
Bien mieux que sur l'airain, pour jamais est gravée
Au frontispice des grands cœurs.

LA RÉPUBLIQUE UNIVERSELLE

A mon ami Cuisinier Bontron.

CHANT.

I

ARTOUT, du couchant à l'aurore,
Ils sont debout, tous les tyrans!
Les champs, les flots, tout se colore
Du sang qui coule par torrents.
On exile, on vole, on assomme;
On embastille les meilleurs.
Qui nous sauvera? dieux vengeurs!
Plus de citoyens! pas un homme!

CHOEUR.

Tenant le mal sous son genou vainqueur,
Aile étendue & la dextre crispée
Au pommeau d'or de son ardente épée,
Voici venir l'ange exterminateur!

II

Peuples, c'est Dieu qui vous l'envoie.
Que tous les cœurs, sous les haillons,

Bondissent d'orgueil & de joie !
Quittez l'enclume & les sillons.
Le jour des sublimes colères
Se lève enfin pour les derniers,
Qui vont devenir les premiers
Par la faux, la flamme & les pierres.

III

Criblant les airs d'armes rouillées,
Marchez épais comme les blés,
Contre les cohortes souillées
De tous les repus assemblés.
Dans leur démence titanique,
Ils voudraient, sur nos libertés,
Escalader, nains révoltés,
Le ciel de notre République.

IV

Comme le maître de la foudre,
Son bras nu rougissant les cieux,
Le peuple va réduire en poudre
Ces insensés & leurs faux dieux !...
Avec la faim & l'injustice,
Les hommes noirs, les entêtés
Et les tueurs de libertés,
Il faut pourtant qu'on en finisse.

Tenant le mal sous son genou vainqueur,
Aile étendue & la dextre crispée
Au pommeau d'or de son ardente épée,
Voici venir l'Ange exterminateur !

V

Au son des trompettes dernières,
Que l'écho répète à l'écho !...
Le mal s'écroule en bruits de pierre
Comme les murs de Jéricho !...
Hourrah !... la République est ronde
Et va tourner du vrai côté,
Sur l'axe de la vérité,
Dans les espaces comme un monde.

VI

Plus de guerres, plus de haines,
Sept fois la nature a chanté,
Par les monts, les bois & les plaines,
Le doux chant de Fraternité !
Quand nos sillons & nos rivières
S'empourpreront dorénavant,
Que ce soit du soleil levant...
Et non plus du sang de nos frères !...

CHOEUR.

Pouſſant le mal de ſon genou vainqueur,
Aile abattue & la dextre criſpée,
Laiſſant tomber ſa flamboyante épée,
Il a paſſé, l'Ange exterminateur!

LE CHANT DU VOTE.

A mon ami Barodet.

I

A *Liberté, de piége en piége,*
N'a jamais pu faire un feul pas
Sans rencontrer l'état de fiége,
Les mitrailleurs & les Judas.
L'heure a fonné; courons aux votes;
Uniffons-nous, le ciel eft bleu,
Et, vote au poing, fus aux defpotes!
Allons-y comme on marche au feu!

CHOEUR.

Non, la Liberté n'eft pas morte!
La chaîne au cou, dans les fcrutins,
Ils la tiennent! Forçons la porte!
Forçons la porte à coups de bulletins!

II

Allons-y tous; qu'on en finiffe!
Éventrons la rufe & la peur,

Que l'oppresseur tremble & pâlisse
Devant le vote, son vainqueur!
Petits & grands, donnons l'exemple,
La France a soif de vérité;
Toute l'Europe vous contemple.
Le monde attend la Liberté!

III

Plus de fusils, de plomb, de poudre
Pour le triomphe du bon droit;
Le vote est plus fort que la foudre.
Avant tout il faut viser droit!
Le bulletin, c'est la cartouche
Qu'on déchirait à belles dents,
Et le nom, c'est le plomb qui touche;
Tout notre avenir est dedans.

IV

Nommons des gens de forte race,
Fermes, plantés pour tenir bon,
Pouvant regarder face à face
La mort, l'exil & la prison...
Ceux-là qui, sur la barricade,
Savaient montrer avec fierté,
Leur poitrine à la fusillade,
Et te défendre, ô Liberté!

V

Pour s'entr'égorger au partage
Avec des ducs & des marquis,
Ne divisons plus le suffrage
En admettant les vieux partis.
Sus à ces laquais d'antichambre,
Qui n'ont pas su garder vos droits,
Nobles vaincus du Deux Décembre,
Parisiens, mangeurs de rois!

VI

Suivez le mouvement des villes,
Hommes des champs, manœuvriers,
Ne vous laissez plus, troupes viles,
Pousser au scrutin par milliers;
N'écoutez ni curé, ni maire,
Méfiez-vous de l'officiel,
Qui va vous prendre à sa manière
Comme des mouches dans le miel.

VII

Ne faisons plus pleurer la France
Ou pour le rouge, ou pour le blanc.
Tout cela ne vaut pas, je pense,
Une goutte de notre sang.

Gardons-le pour la sainte guerre
Dont nous menacent les vieux rois,
Et pour ensemencer la terre
De nos libertés aux abois.

CHOEUR.

Non, la Liberté n'est pas morte!
La chaîne au cou, dans les scrutins,
Ils la tiennent! Forçons la porte!
Forçons la porte à coups de bulletins!

LE PLÉBISCITE.

A Paul Arène.

MAI 1870.

L'EMPIRE, aux abois, cherche & trouve
Qu'il faut courir aux grands moyens ;
Le Sénat tout entier approuve...
A nous maintenant, citoyens,
De répondre à la valetaille
Ofant interroger fon roi !
Ce magnifique rien qui vaille...
Le peuple tout... juftice & loi.

Sus à l'infolent plébifcite,
Hourrah ! les opprimés vont vite,
 Vite ! vite ! vite !
 Aux votes, citoyens,
 Et par tous les moyens
Sus à l'infolent plébifcite !

Et les voilà tous en campagne,
Répandant la terreur au loin,

Puis, se jetant dans la montagne
Avec leur plébiscite au poing...
Affichant leurs placards canailles,
Semant les oui sur bulletin,
Et les engins menus de mailles,
Pour pannoter tout le fretin.

On trouble l'eau de la rivière
Quand on veut prendre le goujon :
Pour vous pincer à leur manière,
Paysans, tout leur sera bon.
On fera la baisse & la hausse,
Au besoin on complotera,
Et c'est vous qui paîrez la sauce
A laquelle on vous mangera.

Se servant comme tirelire
Du bonnet de la Liberté,
César va mendiant l'empire,
L'empire à perpétuité!
Perpétuité de l'empire!
Mais c'est la patrie en danger...
C'est l'avilissement, c'est pire,
C'est la déroute & l'étranger.

Le Plébiscite.

L'empire, il faut qu'on se le dise,
C'est la mort, l'exil, la prison,
La nation qu'on dévalise,
La veuve pâle en sa maison!
Entendez-vous, quand la nuit tombe,
Cette voix qui se plaint toujours...
C'est le fusillé sous la tombe,
C'est le prisonnier dans les tours.

Vaisseau superbe, ô République!
Tu vas bientôt prendre la mer,
La grande mer démocratique;
Les vents sont bons, le ciel est clair...
Mais veille au grain, dans la nuit brune
Vogue sans peur & souviens-toi
Que tes flancs portent la fortune
Et le salut du Peuple-Roi!

Sus à l'insolent plébiscite,
Hourrah! les opprimés vont vite,
  Vite! vite! vite!
  Aux votes, citoyens,
   Et par tous moyens
Sus à l'insolent plébiscite!

MONSIEUR GAUDÉRU.

POÈME FANFARE.

A mon ami, Félix Verdier.

FANFARE DU DÉPART.

Monsieur Gaudéru veut aller en chasse,
En beaux habits d'or. C'est lui-même; il passe.
Ses bois, ses châteaux ne sont pas à lui.
Va-t-en, Gaudéru, tu n'es pas d'ici!...
Pour toi, pour tes chiens, ton monde & ta race,
Halla li! li! li! à la chie-en-lit!
Va-t'en, Gaudéru, tu n'es pas d'ici.

PROLOGUE.

MONSIEUR GAUDÉRU.

I

Monsieur Gaudéru, pour ce jour de fête,
Porte un chapeau plat, & trois fois cornu,
Sous lequel ressort, d'une pâle tête,
Un nez tout honteux de se montrer nu.

Les yeux font abfents, mais l'oreille paffe,
Traînant fur l'habit tout d'or galonné,
Et ce vieux cornard, d'extraction baffe,
Eft très-haut botté, long éperonné.
C'eft ainfi qu'il monte un cheval de race,
De beau drap d'argent caparaçonné.

ROYALE FANFARE.

Chanfons & couleurs, gloires & merveilles,
Beaux foirs empourprés, aurores vermeilles,
Cors d'argent, de cuivre, & d'ivoire & d'or,
Fanfarez toujours, fanfarez encor,
Ce monftre livide, aux grandes oreilles,
Au nez tout honteux de fe montrer nu,
Fanfarez en chœur le grand Gaudéru!

II

Ce méchant vieillard, petit quand il marche,
Semble bien plus long fur fon grand cheval.
Il n'a pas du tout l'air d'un patriarche;
On croirait plutôt monfieur Carnaval...
Et pourtant de loin, vu fur la colline,
Son large cordon, fon crachat vermeil,
Ses quarante croix, en pleine poitrine,
Le font éclater comme un vrai foleil.

III

Pourquoi tout ce monde autour de cet homme,
Tant de faux seigneurs de peuple accouru?
C'est tout simplement parce qu'il se nomme
Comme son aïeul, l'autre Gaudéru.
Un charmant viveur, un vrai diable à quatre,
Qui faisait jadis, à grands coups de nerfs,
Pour sa gloire à lui, les autres combattre,
Pendant qu'il courait les daims & les cerfs.

IV

Ses vassaux encor célèbrent sa gloire,
Sa face sans poil, son beau crâne nu...
Quant à celui-ci, c'est une autre histoire...
On l'accuse d'être un faux Gaudéru.
Il plane sur lui des choses secrètes;
Très-lugubrement cela se répand,
Et ce ne sont pas chansons d'alouettes...
Gaudéru serait plus qu'un sacripant.

ROYALE FANFARE.

Chansons & couleurs, gloires & merveilles,
Beaux soirs empourprés, aurores vermeilles,

Cors d'argent, de cuivre, & d'ivoire, & d'or,
Fanfarez toujours, fanfarez encor
Ce monstre livide, aux grandes oreilles,
Au nez tout honteux de se montrer nu ;
Fanfarez en chœur le grand Gaudéru!

v

C'est pour s'étourdir que Gaudéru chasse;
Un crapaud remords, éternellement
Au dedans de lui, se plaint & coasse...
De là ses pâleurs : c'est son châtiment...
Il aurait, dit-on, homme d'artifice.
Une nuit d'hiver tirant un rideau,
Éventré sa mère, aidé d'un complice,
Qui tenait la torche, & lui le couteau.

VI

Depuis cette nuit, jamais quoi qu'il fasse,
Dans son rouge lit, ce monstre ne dort:
Le jour il ne peut demeurer en place,
Il entend toujours le crapaud remords...
Sous ses yeux éteints, sa face livide
S'empourpre parfois de taches de sang
En forme de larme ! & d'aspect liquide...
Du fin fond du cœur remords jaillissant!

LES DÉMENCES DE GAUDÉRU.

I

Quand vient la saison de la canicule,
Sur ses hautes tours, cheveux dans le vent,
Il fait les grands bras, crie & gesticule
A la rouge lune, au soleil levant...
Et toutes les nuits ses gens font patrouille,
Armés de bâtons, pour bâtonner l'eau
Et faire, en tapant, taire la grenouille
Dans les fossés verts de son vieux château.

II

Nuitamment l'hiver, sous la froide bise,
On l'a vu, du lit s'élançant soudain,
Suivi de ses gens, courir en chemise
A travers les choux de son grand jardin,
Et puis s'affaisser, l'écume à la bouche,
Sur le sol durci, claquetant des dents,
Pour être aux flambeaux porté sur sa couche,
Les cheveux tout droits & les yeux ardents.

FANFARE DU CRAPAUD.

Au fond de cet homme à face pâlie,
Au regard éteint de mélancolie,

Le crapaud vengeur, au hou-hou lointain
Parfois à grand bruit coaffe à deffein,
Imitant la voix d'un quelqu'un qui crie
Du fang dans la gorge & poignard au fein :
A l'af fa fa fa fa fa fa faf fin !

III

C'eft affez caufer de cet imbécile,
Il craint les parleurs à ce qu'il paraît.
Puifqu'il veut chaffer, laiffons-le tranquille,
Ses chiens, fes piqueurs font dans la forêt.
Des hommes douteux, à mufeau de finge,
Armés de bâtons, & l'œil de travers
Très-haut boutonnés pour cacher leur linge,
Accourent déjà de cent points divers.

Monfieur Gaudéru veut aller en chaffe,
En beaux habits d'or. C'eft lui-même ; il paffe.
Ses bois, fes châteaux ne font pas à lui.
Va-t'en, Gaudéru, tu n'es pas d'ici.
Pour toi, pour tes chiens, ton monde & ta race,
Halla li ! li ! li ! à la chie-en-lit !
Va-t'en, Gaudéru, tu n'es pas d'ici !

PETIT CIEL DE CHASSE.

I

L'air est lourd & chaud, le temps a la fièvre,
Et voici courir aux cieux pommelés,
Griffant tout l'espace, un grand pied de chèvre,
De nuages fins, d'argent dentelés...
Il n'est pas brin d'herbe ou feuille qui bouge,
Et dans le sud-est monte tout là-bas
Un nuage noir, tout teinté de rouge...
Ce temps pommelé ne durera pas.

II

Beau ciel gris perlé, déjà tu t'embrouilles ;
Plus étrangement, du fond des marais,
J'entends coasser crapauds & grenouilles...
L'horizon noir bleu semble bien plus près.
Et le soleil boit... il tire aux cordages ;
Un petit vent frais, tout chargé de thym,
Apporte avec lui, du fond des nuages,
Des bourdonnements de cloche au lointain.

III

Oh ! le piètre temps pour aller en chasse !
Les chiens, le nez haut, flairent vainement

Le parfum du poil dans le vent qui paſſe,
La queue agitant, mais ſans aboiement...
A la lune hier longeant les liſières,
Les piqueurs ont vu le grand chaſſeur noir,
Tout d'acier luiſant & de fines pierres,
Il menait les cerfs paître à l'abreuvoir.

IV

Malgré tout cela, le cortége avance,
Tout d'or ruiſſelant, ſous le ciel plus noir...
Monſieur Gaudéru, tu n'as plus la chance,
Tu veux t'amuſer, nous allons bien voir...
Et j'arrive à temps, moi, mon camarade,
Bras deſſus deſſous, comme des amis,
Pour voir défiler cette maſcarade.
Nous la verrons bien, tout là-haut aſſis.

FANFARE DE CHASSE.

Monſieur Gaudéru veut aller en chaſſe,
En beaux habits d'or. C'eſt lui-même; il paſſe.
Ses bois, ſes châteaux ne ſont pas à lui.
Va-t-en, Gaudéru, tu n'es pas d'ici!...
Pour toi, pour tes chiens, ton monde & ta race,
Halla li! li! li! à la chie-en-lit!
Va-t'en, Gaudéru, tu n'es pas d'ici!

LE PAUVRE.

I

Sous ces cheveux gris, en branche de saule,
Contournant ta face, & de bouche & d'yeux,
Levant, abaissant l'une & l'autre épaule,
Où vont tes pieds nus, mendiant douteux ?
Ohé ! réponds-nous, l'homme à la besace,
Pourquoi te frotter à ce tronc tortu,
On pourrait aux poux te suivre à la trace,
Tu quoque, tu viens pour voir Gaudéru ?

FANFARE DU PAUVRE.

O mes bons Chrétiens, comme vous je passe,
La soif & la faim m'ont mis dans l'impasse
Des afflictions, je vais sans repos,
Par la pauvreté mordu jusqu'aux os,
Toujours me grattant, pour changer de place,
Tous les Gaudéru que j'ai dans le dos.

II

Las ! le mauvais œil a brûlé ma chance,
Et j'ai sur le front la tache de sang ;
Les fils de Caïn sont marqués d'avance
Pour tendre la main au premier passant.

Mais en attendant que la mort me sauve,
Dame Charité mon mal entretient
De petits onguents & d'eau de guimauve;
Tant plus elle fait, tant plus le mal tient...

FANFARE DES AMIS.

O toi! dont le sort va de mal en pire,
Viens çà, vieux cynique, au malin sourire,
Ton nez de corbin, le son de ta voix
Ta lèvre pincée & ton œil narquois
En disent plus long que tu n'en veux dire,
Viens sur les hauteurs, nous rirons à trois.

L'ENTRÉE AU BOIS.

ROYALE FANFARE.

Chansons & couleurs, gloires & merveilles,
Beaux soirs empourprés, aurores vermeilles!
Cors d'argent, de cuivre, & d'ivoire & d'or,
Fanfarez toujours, fanfarez encor
Ce monstre livide, aux grandes oreilles,
Au nez tout honteux de se montrer nu;
Fanfarez en chœur le grand Gaudéru!

Monsieur Gaudéru.

I

Vive Gaudéru ! C'est lui-même ; il entre.
A sa droite il a son grand argentier,
Comme un coffre-fort portant son gros ventre,
Puis le grand-veneur, son familier...
Il donne du cor & mène la fête ;
Des manants d'hier, seigneurs aujourd'hui,
Sanglés, galonnés, & tricorne en tête,
En caracolant, viennent après lui.

II

Tous ces gens vêtus, ainsi qu'aux féeries,
Ces superbes paons, à l'aspect changeant,
Portent en crachats fines pierreries,
Et cela fait bien circuler l'argent...
Des femmes sans nom, filles d'aventure,
Suivent tous ces gueux, en beaux diamants,
Le sein découvert, comme la voiture,
Avec éventail & ricanements.

FANFARE DE CHASSE.

Monsieur Gaudéru veut aller en chasse,
En beaux habits d'or, voyez comme il passe !
Ses bois, ses châteaux ne sont pas à lui.

Va-t'en, Gaudéru, tu n'es pas d'ici!
Pour toi, pour tes chiens, ton monde & ta race,
Halla li! li! li! à la chie-en-lit!
Va-t'en, Gaudéru! tu n'es pas d'ici!

III

Sur un cheval jaune, un maigre poète,
En satin cerise & tout zébré d'or,
Passe dédaigneux, la plume à la tête,
Ceint d'un couteau long, cerclé d'un grand cor...
Beau rêveur vendu, qui déjà prépare
Les alexandrins que les grands liront,
Le vieux chapelain fera la fanfare,
Les piqueurs du roi la fanfareront!!!

IV

Un capucin vert, du haut de sa mule,
Aux petits enfants, aux vieillards tremblants,
Au peuple grouillant & qui se bouscule,
Lance des écus qui ne sont pas blancs...
Ce sont des vivat & des cris de joie,
De grands & petits, plus d'un nain ventru
Va le bec ouvert, marchant comme une oie,
Pour crier plus haut : Vive Gaudéru!

V

Comme moucherons, au feu des lumières,
Ou sur un gros cas fraîchement pondu,
On voit accourir pâtres & bergères,
Hurlant, bras en l'air : Vive Gaudéru !
Sous son grand cheval, la foule se rue,
On s'écrase, on hurle, & chacun veut voir
Ce pâle étranger... Gaudéru salue,
Et le ciel se fait de plus en plus noir.

FANFARE DE CHASSE.

Monsieur Gaudéru veut aller en chasse,
En beaux habits d'or. C'est lui-même ; il passe.
Ses bois, ses châteaux ne sont pas à lui.
Va-t'en, Gaudéru, tu n'es pas d'ici !...
Pour toi, pour tes chiens, ton monde & ta race,
Halla li ! li ! li ! à la chie-en-lit !
Va-t'en, Gaudéru, tu n'es pas d'ici !

OISEAUX DE PROIE.

Vautours & milans, oiseaux de carnage,
En ligne rangés sur un chêne nu,
Roulant un œil rond dans le noir branchage,
Restent sans bouger pour voir Gaudéru.

Les chauves-souris quittent leurs repaires ;
Le hibou se plante au bord de son trou,
On entend, partout, siffler les vipères ;
Le crapaud répond au chant du coucou.

FANFARE DU CRAPAUD.

Au fond de cet homme à face pâlie,
Au regard éteint de mélancolie,
L'animal vengeur, au hou-hou lointain,
Parfois à grand bruit coaffe à dessein,
Imitant la voix d'un quelqu'un qui crie,
Du sang dans la gorge & poignard au sein
A l'as fa fa fa fa fa fa faf fin !

L'ORAGE.

I

Mais des sommets verts le ciel se rapproche,
On n'aperçoit plus le moindre coin bleu.
Sur un fond tout noir la foudre décoche
Successivement ses zigzags de feu ;
Et le vent se tait, les feuilles frémissent,
Le tonnerre, au loin, en sourds roulements
Fait le bois vibrer ; les chevaux hennissent :
On entend des chiens les longs hurlements.

II

La pluie, un instant, tombe à larges gouttes,
Et menant grand bruit de sonnette au cou,
Les vaches paissant, qui s'effarent toutes,
Vont la queue en l'air, sans trop savoir où.
Cla, cla, cla, cla, cla!... tout le ciel éclate;
Fuyant excités par les étriers,
Voici dans l'éclair, en housse écarlate,
Passer les chevaux sans les cavaliers.

III

Tout épouvanté, Gaudéru s'arrête,
Ote son tricorne, & regarde en l'air :
— Je crois que le ciel tonne sur ma tête,
Dit-il en clignant de l'œil à l'éclair.
Cla, cla, cla, cla, cla!... tout le ciel éclate;
Fuyant excités par les étriers,
Voici dans l'éclair, en housse écarlate,
Passer les chevaux sans les cavaliers.

IV

Gaudéru veut fuir; il part & s'arrête,
Ote son tricorne & regarde en l'air :
— Je crois que le ciel tonne sur ma tête,
Dit-il en clignant de l'œil à l'éclair.

Argentier, j'ai peur de quelque anicroche;
Ce bruit de tonnerre & ce bois qui luit
M'ont troublé les sens; défends qu'on m'approche,
Car j'ai fait un rêve en mon rouge lit.

FANFARE DE LA PEUR.

Par un beau soleil, sur une pelouse
J'errais sans penser, quand un homme en blouse,
Qui semblait dormir sur le serpolet,
Se dressa montrant un long pistolet.
Cet homme était seul, mais j'en ai vu douze,
J'en ai vu cent mille, & par millions,
Tous vrais chenapans, couverts de haillons.

Cla, cla, cla, cla, cla!... tout le ciel éclate;
Fuyant excités par les étriers,
On voit dans l'éclair, en housse écarlate,
Passer les chevaux sans les cavaliers.

V

Cher veneur, je sens que mon heure approche,
Je vois tout en feu, je ne vois plus rien!...
Cet orage a mis mes yeux dans ma poche,
Quittons la forêt, & nous ferons bien.

Puis, j'ai des renvois de liqueur amère;
L'animal gluant qui grouille en mon sein
Coasse & j'entends la voix de ma mère
Criant : A l'as sa sa sa sa sas sin !

VI

De peur, de remords, veneur, je grelotte.
Se pinçant le nez, lors le grand veneur :
— Au parfum montant de votre culotte
Je ne sens que trop percer votre peur.
Hommes, chiens, chevaux, tout est en déroute;
Par ce temps affreux, nous ne prendrons rien.
Comme vous je crois qu'en changeant de route,
Dût le diable en rire, on fera fort bien.

VII

Gaudéru veut fuir, mais le sort l'attache,
Car il n'est plus libre, & ses doigts fiévreux
Consultent en vain sa lourde moustache,
Ce vieillard sanglant devient furieux.
Il a des renvois de liqueur amère...
L'animal gluant qui grouille en son sein
Coasse... il entend la voix de sa mère
Criant : A l'as sa sa sa sa sas sin !

Cla, cla, cla, cla, cla!... tout le ciel éclate;
Fuyant excités par les étriers,
On voit dans l'éclair, en housse écarlate,
Passer les chevaux sans les cavaliers.

FANFARE DES BRUTES.

Et pourtant encor, pâtres & bergères,
Comme moucherons, au feu des lumières,
Ou sur un gros cas fraîchement pondu,
Accourent criant : Vive Gaudéru!
Et l'écho du val & des fondrières
Répète toujours : Vive Gaudéru!
Gaudéru le grand! Vive Gaudéru!

LE CHASSEUR NOIR.

I

L'instant de dire ouf! le cor sur la hanche,
Brandissant un nerf, & terrible à voir
Dedans les éclairs, sur sa jument blanche,
Apparut soudain le grand Chasseur noir.
Sa face a l'ampleur de la lune pleine,
Sa bouche est crispée, & son bras tendu
Montre un assassin, lequel sous un chêne,
OEil & langue hors, gigotte pendu.

II

Des doubles éclairs les promptes lumières
Font ce beau vengeur tout phosphorescent
D'or, d'argent, d'acier, de topazes claires,
Son œil rond paraît rouler dans le sang.
Le meneur de loups, dans une clairière,
Se tient près de lui les deux bras pendants,
Sous sa peau d'ours blanc, tenant en lisière
Deux grands loups assis & montrant leurs dents.

III

Le noir cavalier ramasse sa bête
Qui s'encapuchonne & fait par moments,
Les naseaux crispés, secouant la tête,
Trembler l'alentour de hennissements,
Pousse à Gaudéru, lui sangle le crâne
Et toute la face à grands coups de nerf,
Qui lui font sortir des oreilles d'âne,
Un museau de loup, un grand bois de cerf.

IV

Et tapant sur tous en pleine figure,
Il fait un grouin au grand argentier,
Puis, au grand veneur, une longue hure
S'armant des crochets d'un vieux sanglier,

Puis, toujours cinglant sur toutes les têtes,
Dames & seigneurs, sans qu'il en manque un,
Prennent tous l'aspect de diverses bêtes,
Selon la nature & l'air d'un chacun.

Cla, cla, cla, cla, cla!... tout le ciel éclate;
Fuyant excités par les étriers,
On voit dans l'éclair, en housse écarlate,
Passer les chevaux sans les cavaliers.

V

Et chacun put voir trente-six chandelles
Puis, dans le lointain, filant sous l'éclair,
Dedans la fanfare & les étincelles,
Chasseur & cheval quatre fers en l'air...
Et, sous la forêt toute frissonnante,
Une voix d'en haut, détonnant du sein
Des troncs, des rochers, fanfara stridente :
A l'as sa sa sa sa sa sa sas sin!

FANFARE DES BRUTES.

Et pourtant encor, pâtres & bergères,
Comme moucherons, au sein des lumières,
Ou sur un gros cas fraîchement pondu,
Accourent criant : Vive Gaudéru !
Et l'écho du val & des fondrières

Répète toujours : Vive Gaudéru !
Gaudéru le grand ! Vive Gaudéru !

SEIGNEURS ET POURCEAUX.

I

Et voici venir, comme à la curée,
Le poil hériffé, le grouin gluant,
Porcs ivres de glands, en maffe ferrée,
Sur bêtes & gens foudain fe ruant,
Pour exterminer cette mafcarade
De feigneurs crifpés, aux chevaux rétifs,
Puis, lancés en l'air entre une ruade,
Pour tomber à plat bien plus morts que vifs.

ROYALE FANFARE.

Chanfons & couleurs, gloires & merveilles,
Beaux foirs empourprés, aurores vermeilles,
Cors d'argent, de cuivre & d'ivoire & d'or,
Fanfarez toujours, fanfarez encor
Ce monftre livide, aux grandes oreilles,
Au nez tout honteux de fe montrer nu,
Fanfarez en chœur le grand Gaudéru !

LE DÉBUCHÉ.

I

Croyant tous ces gens, gens d'un autre monde,
Cerfs, daims, sangliers, partent effarés,
Lièvres & lapins suivent à la ronde,
Et cela débuche à travers les prés.
Les faisans dorés & les bartavelles,
S'effrayant comme eux, font siffler le vent,
Et quittent le bois, pour à tire d'ailes
Suivre dans les airs ce monde mouvant.

II

Le poil & la plume, en grande panique,
Va de plus en plus toujours s'effarant ;
Le grand chasseur noir, d'aspect fantastique,
Sur son blanc cheval, suit en fanfarant,
Et dans la forêt toute frissonnante,
Une voix d'en haut, détonnant du sein
Des troncs, des rochers, fanfarait stridente :
A l'af sa sa sa sa sa sa saf sin !

FANFARE DE CHASSE.

Monsieur Gaudéru veut aller en chasse,
En beaux habits d'or ; c'est lui-même, il passe.

Ses bois, ses châteaux ne sont pas à lui.
Va-t'en, Gaudéru, tu n'es pas d'ici ;
Pour toi, pour tes chiens, ton monde & ta race,
Halla li li li, à la chie-en-lit!
Va-t'en, Gaudéru, tu n'es pas d'ici!

I

Les cerfs vous ont pris pour âmes en peine ;
Rompez donc vos chiens, gens du temps passé,
Tous les cerfs d'ici sont dans les Ardennes;
Ils ne veulent plus venir au lancé.
Vous ne verrez plus cette noble bête,
Avec de gros pleurs bramant son trépas,
Se traîner sanglante, &, levant la tête,
Montrer à sa gorge un grand coutelas.

FANFARE ROQUENCOURT.

Pose sur ton nez tes lunettes bleues,
Tu verras les cerfs te montrer leurs queues ;
Le plus en avant semble le plus court,
On les voit d'ici, Monsieur Roquencourt.
Là, sur les hauteurs, à plus de dix lieues,
Le plus en avant semble bien plus court,
Malgré le ciel noir & la fin du jour.

LE RETOUR.

I

Il pleut par torrents, & tout le ciel crève;
En bêtes changés, ils sont partis tous
Au chant du coucou qui chante sans trêve,
Mais la nuit se fait aux cris des hiboux.
Gaudéru, suivi de sa valetaille,
Sans prendre le cerf, rentre en son château
Qui flambe partout; on fera ripaille.
Les cerfs ont filé par le bas Bréau.

CLAIR DE LUNE.

I

Le cerf est là-bas, dans la nuit moins brune,
Il broute le thym d'une autre forêt,
Et parfois front haut, bramant à la lune
Qui sort d'un gros chêne & pleine apparaît.
Mais voici briller dedans la clairière
Les deux yeux ardents d'un loup à l'affût.
O cerf, crains le loup, il prend par derrière,
Comme Gaudéru, traître s'il en fût.

FANFARE DU CRAPAUD.

Au fond de cet homme, à face palie,
Au regard éteint de mélancolie,
Le crapaud vengeur, au houhou lointain,
Parfois, à grand bruit coaffe à deffein,
Imitant la voix d'un quelqu'un qui crie,
Du fang dans la gorge & poignard au fein :
A l'af fa fa fa fa fa fa faf fin !

ÉPILOGUE.

C'eſt le Sievr MATHIEV, *Bovrgeois de Nevers,*
Né dix ans après l'avltre Répvbliqve,
Qvi de la Fanfare a dicté les vers...
Ce meſme MATHIEV *l'a miſe en mvſiqve.*
Ovi, MATHIEV *qvi faict la Fanfare d'or*
Qvintvple ſortir d'vne Bovche en cvivre,
Et qvi, jove enflée en donnant dv cor,
Provve aſſez à tovs qve ſon nom doit vivre.

LA CHASSE DU PEUPLE.

A mon ami Charles Vincent.

I.

Sur les hauteurs & sur l'étang,
  Sur les bois, sur la mer immense,
Le soleil plus large s'avance
    Couleur de sang...
C'est aujourd'hui la grande chasse,
  Peuples, accourez tous,
  Peuples, entendez-vous
Ce fin bruit de cuivre qui passe?
C'est la fanfare du réveil
Qui sonne le dernier soleil
    Des tyrans & des maîtres,
    Des menteurs & des traîtres.

FANFARE.

Tayaut! tayaut! le peuple chasse
A coups de pieux, à coups de faux,
Renversant comme un vent qui passe
Les abus & les échafauds.
Tayaut! tayaut! le peuple chasse.

La Chasse du Peuple.

II

Allons! debout! n'attendons pas.
Roulez des monts & des collines,
Armes au poing, nus de poitrines
Et nus de bras :
Le jour est clair, la brise est belle,
Nous pendrons des voleurs
De toutes les couleurs.
Gens de justice & de gabelle,
Bancocrates, usuriers,
Qui mangeraient les ouvriers,
Les moissons & la terre,
Si nous les laissions faire.

REFRAIN.

Tayaut! tayaut! le peuple chasse
A coups de pieux, à coups de faux,
Renversant comme un vent qui passe
Les abus & les échafauds.
Tayaut! tayaut! le peuple chasse.

III

Entrez! Fouillez dans la maison.
Les mulets, les ânes, les zèbres,
Chevaux de rien, chevaux célèbres,
Tout sera bon...

La Chasse du Peuple.

Les gens de bourse sont en fuite :
  Sous leurs bras les ventrus
  Emportent les écus.
Plus ils s'en vont, plus ils vont vite,
Ainsi que chevaux emportés,
Et l'on ne voit de tous côtés
  Que dos & que femelles
  Faisant des étincelles.

FANFARE.

Tayaut ! tayaut ! le peuple chasse
A coup de pieux, à coups de faux,
Renversant comme un vent qui passe
Les abus & les échafauds.
Tayaut ! tayaut ! le peuple chasse.

IV

Sur une mule au regard vif,
Coiffé, mitré comme un satrape,
Voici venir un fameux pape
  En or massif.....
Gens noirs, violets, gens écarlates,
  Dans un petit vent frais
  Le suivent de très-près.
La cohorte à mines béates

Met en fuite tous les troupeaux !
N'étaient les bœufs & les taureaux
 Roulant, des vertes pentes,
 Les cornes menaçantes.

FANFARE.

Tayaut ! tayaut ! le peuple chaffe
A coups de pieux, à coups de faux,
Renverfant comme un vent qui paffe
Les abus & les échafauds.
Tayaut ! tayaut ! le peuple chaffe.

V

Dans la forêt, là-bas ! au nord,
Les vieux tyrans ont pris la fuite,
Traînant leurs petits à leur fuite...
 Près d'eux la mort,
Faux à la main, conduit en ronde
 Fufillés & pendus,
 Pouffant des cris aigus !
Qui femblent dire à tout le monde :
N'épargnez pas vos ennemis,
Quand deffous vous les aurez mis.
 Ils iront chez les ombres
 Chanter des nuits plus fombres.

VI

Si la nuit qui fait le sommeil
Venait entraver sa colère,
Le peuple arrêterait la terre...
    Ou le soleil!...
Car les bergers ont vu l'étoile ;
  Et bâton dans la main
  Ne doutant du chemin,
Ils vont sans boussole & sans voile,
Les pieds sanglants & demi-nus!
Réveiller les dieux inconnus...
  Les dieux des frais ombrages.
  Et des cieux sans nuages.

FANFARE.

Tayaut! tayaut! le peuple chasse
A coups de pieux, à coups de faux,
Renversant comme un vent qui passe
Les abus & les échafauds.
Tayaut! tayaut, le peuple chasse.

LE TRIOMPHE DU VIN.

A mon Ami Fabius BOITAL.

PROLOGUE.

I

Pendant que sous la froide bise
Durcissant le sol & les eaux,
La vigne, au versant des coteaux,
Grelotte en son écorce grise,
Descendons la chambre au caveau,
Montons le caveau dans la chambre,
Et noyons, au fond d'un tonneau,
La rage blanche de décembre.

CHOEUR.

Franchement, le cœur sur la main,
Sans jamais parler de demain,
Du blanc matin à la vesprée
Et de la vesprée au matin,
Célébrons la grandeur pourprée
      Du vin !

II

Comme une voix de trépaſſé,
Le vent ſanglotte ſous les portes,
Faiſant, dans ſon ſouffle glacé,
Tourbillonner les feuilles mortes..
Dans le grand âtre, ſur le feu,
Jetons le hêtre par braſſées,
Buvons au retour du ciel bleu,
Chantons les comètes paſſées!

CHŒUR.

Franchement, le cœur ſur la main,
Sans jamais parler de demain,
Du blanc matin à la veſprée
Et de la veſprée au matin,
Célébrons la grandeur pourprée
   Du vin!

III

Donc n'éveillons pas l'humeur noire,
Ce chat-tigre accroupi qui dort,
Et buvons pour braver la mort.
Mourir n'eſt rien! Mais ne plus boire!

Jusqu'à plus soif, amis, versez,
Et qu'à l'instant vidant la place,
Les sombres soucis dispersés
Partent sans retourner la face.

CHOEUR.

Franchement, le cœur sur la main,
Sans jamais parler de demain,
Du blanc matin à la vesprée,
Et de la vesprée au matin,
Célébrons la grandeur pourprée
   Du vin!

I

Le bon vin refait la mémoire,
Remplissez mon verre à ras bord.
A la liberté tout d'abord,
Si l'on m'en croit, nous allons boire.
Ne pâlis pas, cabaretier,
Quand Zéphyr secoura les roses
Sur les tiges de l'églantier,
Nous boirons à bien d'autres choses.

II

Divin poète, en attendant,
Dis-nous le chant des hommes libres,

Ce chant fier dont le rhythme ardent
Fait treſſaillir les nobles fibres..
Tais-toi, philoſophe nouveau,
Je t'ai connu jadis à Rome,
Je crois qu'il pleut dans ton cerveau.
Ta politique nous aſſomme,

CHOEUR.

Franchement, le cœur ſur la main,
Sans jamais parler de demain,
Du blanc matin à la veſprée,
Et de la veſprée au matin,
Célébrons la grandeur pourprée
   Du vin !

III

Et toi, rimeur à face blême.
Comme ſa phraſe un ſanſonnet,
Ceſſe de crier ce ſonnet
Qui vaut à lui ſeul un poème.
Ce ſonnet, c'eſt toi, mais moins beau,
Tant l'homme vaut, tant vaut la choſe ;
Tu vas me traiter de Boileau,
Pourquoi n'écris-tu pas en proſe ?...

IV

Hochant du front, clignant des yeux,
Assez dormir sur ta quenouille.
Marianne ? à la cave ! & fouille
Dans le sable où dort le vin vieux.
De toute soif le sel est l'âme;
Décroche ces longs saucissons;
Jetons de l'huile sur la flamme;
Sus à toutes les salaisons !

CHOEUR.

Franchement, le cœur sur la main,
Sans jamais parler de demain,
Du blanc matin à la vesprée,
Et de la vesprée au matin,
Célébrons la grandeur pourprée
   Du vin !

V

Est-ce le jour ? Est-ce l'aurore
Qui blanchit tout le cabaret ?
Non, c'est la lune qui paraît.
Versez toujours, versez encore !

Et toi, vieille buveuse d'eau,
Cache ta figure livide
Qui louche à travers le carreau,
Sinistre comme un tonneau vide!

CHŒUR.

Franchement, le cœur sur la main,
Sans jamais parler de demain,
Du blanc matin à la vesprée,
Et de la vesprée au matin,
Célébrons la grandeur pourprée
  Du vin!

VI

Versez, pour que mon sang s'allume
Des vertus & du feu sacré
De ce riche vin noir pourpré
S'emperlant d'une rose écume!
Il est velouté, doux & frais;
Quand on le roule & qu'on le lappe
Entre la langue & le palais,
On croirait qu'on mord à la grappe.

CHŒUR.

Franchement, le cœur sur la main,
Sans jamais parler de demain,

*Du blanc matin à la vesprée,
Et de la vesprée au matin,
Célébrons la grandeur pourprée
    Du vin !*

*La couleur qui m'est sympathique
Reluit dans sa rouge clarté !
J'entends des chants de liberté
Jaillir de son glouglou magique.
Son bouquet de fraise des bois,
Un peu mêlé de violette,
Me rappelle, quand je le bois,
L'haleine de* Cenderinette.

CHOEUR.

*Franchement, le cœur sur la main,
Sans jamais parler de demain,
Du blanc matin à la vesprée,
Et de la vesprée au matin,
Célébrons la grandeur pourprée
    Du vin !*

Assez, t'escoutant d'une oreille,
T'esfleurant de mon nez poinctu,
Assez tastonné ta vertu
Et ta qualité non pareille.

Amy, cognois-moi de plus près ;
Je ne suis pas meschant, en somme ;
Descend dedans moi, disparais !
Va voir si je suis honneste homme.

CHŒUR.

Franchement, le cœur sur la main,
Sans jamais parler de demain,
Du blanc matin à la vesprée
Et de la vesprée au matin,
Célébrons la grandeur pourprée
   Du vin !

ÉPILOGUE.

Fils du soleil, c'est assez vivre
Dans les ennuis du noir caveau :
De la bouteille & du tonneau,
En te buvant, je te délivre.
Comme l'âme retourne à Dieu,
O noble vin, ouvre ton aile,
Et ressuscite, esprit du feu,
De l'estomac à ma cervelle !

CHŒUR.

Franchement, le cœur sur la main,
Sans jamais parler de demain,

Du blanc matin à la vesprée,
Et de la vesprée au matin,
Célébrons la grandeur pourprée
  Du vin.

Va surexciter mes pensées,
Et de ce beau pays vermeil
Chasse avec bruit, au grand soleil
L'essaim des strophes cadencées...
Des blés mouvants aux prés fleuris
Je veux les voir, ces vagabondes,
Sans courber l'herbe & les épis,
Précipiter leurs folles rondes!

CHOEUR.

Franchement, le cœur sur la main,
Sans jamais parler de demain,
Du blanc matin à la vesprée
Et de la vesprée au matin,
Célébrons la grandeur pourprée
  Du vin!

Mêle ta pourpre ruisselante
Avec la pourpre de mon sang;
Fais par tous mes nerfs, en passant,
Jaillir la verve étincelante!

Donne-moi l'immortalité ;
Fais mon vers plus impériffable
Et plus fort que l'éternité.
Ainfi foit-il, vin fecourable !

CHOEUR.

Franchement, le cœur fur la main,
Sans jamais parler de demain,
Du blanc matin à la vefprée,
Et de la vefprée au matin,
Célébrons la grandeur pourprée
    Du vin !

Eft-ce le jour, eft-ce l'aurore
Qui blanchit tout le cabaret ?
Non : c'eft la lune qui paraît.
Verfez toujours, verfez encore !...
Et toi, vieille buveufe d'eau,
Cache ta figure livide
Qui louche à travers le carreau,
Siniftre comme un tonneau vide !

NOCTURNE A DEUX VOIX.

à Victor Hugo

ANTONIUS.

Comme Sodome en feu fuyant la grande ville,
Ses odieux plaisirs, & sa foule imbécille,
Où vas-tu ? sous la nuit, Petrus, bâton en main ?
On croirait, te voyant dévorer le chemin,
Un poète éperdu chevauchant une idée,
Qui galoppe sous elle, écumante, & bridée
Par le rhythme impuissant... Halte-là !...

PETRUS.

Cette voix
M'est connue; & c'est bien Antonius, je crois.

ANTONIUS.

Lui-même.

PETRUS.

C'est vraiment trop de chance à la fois,
Tu quittes donc aussi ce vieux Paris qu'on aime?

ANTONIUS.

Et sans me retourner! Comme Loth & quand même
De ta fuite, ô Vatès, j'en suis, &, si tu veux,
En devisant de tout, nous ferons route à deux.

PETRUS.

Pour que le temps soit court, & la marche moins lourde,
As-tu mis prudemment de l'esprit dans ta gourde?

ANTONIUS.

J'ai fait mieux. J'ai rempli, pour filer loin d'ici,
Gourde & bourse à raz bord, comprends-tu? Sans souci
Du sombre lendemain, plein du fatal quart-d'heure
De Rabelais, suivi de la mise en demeure
De l'hôte présentant avec componction,
Au client qui pâlit, la longue addition.

PETRUS.

Assez, phraseur! Je sais que ta bourse est la mienne.
Ta main, que je la presse, Antonius; advienne
Que pourra!... Maintenant, à nous l'immensité,
Sous cette nuit splendide, à nous la liberté!

ANTONIUS.

Pendant qu'à l'occident ce beau croissant de lune
S'abîme en souriant sur la colline brune,

Qu'il fait bon cheminer fous la fraîche clarté
Des étoiles, tournant le dos à la cité,
Qu'on entend... & qui femble, en fa rumeur épique,
Le poluflosboïo de la mer homérique !

PETRUS.

C'eft bien... Doublons le pas, & fcandons les hauteurs.
Mais d'où naiffent, là-bas, ces fubites lueurs ?

ANTONIUS.

Retourne-toi, rageur ! C'eft Paris qui flamboie,
Lançant au loin fes feux d'artifice & de joie.
Vois, le ciel eft tout rouge ; il s'effondre là-bas
En pluie éblouiffante, avec de longs fracas
De pétards... Simulant, aux foules entaffées,
Des palais, des combats, des villes embrafées,
Les canons fur l'affût tonnant avec fureur.
Mais voici : dans les airs la grande croix d'honneur,
Jaune d'or, rouge fang, & bleue & toute pâle,
Apparaître en tournant dans des feux de Bengale.

PETRUS.

On croirait qu'on entend les battements de mains
De la chair à canon des fanglants lendemains,
Pour trois jours de fuccès, c'eft la dive canaille,
Fumier de l'avenir, courant fous la mitraille,

Soit pour sa servitude, ou pour ses libertés,
Mugissant aujourd'hui l'hymne des révoltés,
Demain, tout le contraire, & se faisant sur place
Ecraser sous le char d'un assassin qui passe
En se ruant au bruit du cuivre & du tambour.

ANTONIUS.

Ce soir on illumine, & tout le long du jour
Ils se sont promenés pour fêter la naissance
De leur faux empereur & l'argent de la France!
Sert à payer la goutte aux vieux centurions,
Aux sbires distribuant force coups de horions,
Assassinant, trouant très-proprement les têtes
Des badauds effarés comme un troupeau de bêtes,
Criant : A bas, César !

PETRUS.

Non, jamais devant moi
Ne prononce ces mots de César ou de roi.
Oh! tu sais, seulement de les entendre dire,
Ces noms me font au front monter la honte & l'ire....
César de qui? de quoi?

ANTONIUS.

César de ri, de rien,
C'est le nom qu'autrefois je donnais à mon chien,

Nocturne à deux voix.

Mort d'avoir avalé des boulettes de rues.
L'animal est où sont les choses disparues,
Et vivant il vaudrait, c'est un vieux dicton,
Mieux que feu l'empereur dont il portait le nom.

PETRUS.

Bien! Ta parole est d'or. L'or autrement qu'en poche
Sonne en bouche, entends-tu? Mais au bois le plus proche
Hâtons-nous d'arriver. Les bois, tu sais, sont bons
A calmer la colère, &, pour mille raisons,
On ressent vaguement, dans les temps où nous sommes,
Comme un ardent besoin de s'éloigner des hommes.

ANTONIUS.

Eprouves-tu, Petrus, ce mouvement nerveux
Qui, vous horripilant de barbe & de cheveux,
Va du cœur à la tête, & pousse à la satire?

PETRUS.

C'est à coups de bâton qu'il nous faudrait l'écrire
En ces jours d'infamie, où l'homme fraternel
Sent passer sur son front, de tous les coins du ciel,
Comme un vent lourd & chaud qui souffle par bouffées,
Tout chargé des sanglots, des plaintes étouffées
De l'exil, des prisons, il en sort des tombeaux....
De par delà les mers il nous vient des lambeaux

De strophes que les flots rejettent sur la plage.
Flottants débris vengeurs, attestant le courage
Du poète échoué sur les rocs de Jersey,
Inclinant sa carêne, & son grand mât brisé,
Comme pour leur montrer la quadruple rangée
De ses canons en ligne, à la gueule allongée,
Prêts à cracher, plutôt qu'amener pavillon,
Sa dernière gargousse avec l'écouvillon.

ANTONIUS.

Quel grand poète !

PETRUS.

Il a la soif de la justice,
Le cœur haut & la main toujours prompte au service.
Mais sous les ongles d'or de ses rhythmes ardents,
Quand il tient un reptile, on voit toutes les dents
Du lion furieux.

ANTONIUS.

Par ses grandes oreilles,
Sous sa couronne bête, & son manteau d'abeilles,
A-t-il assez traîné ce monstre de carton !

PETRUS.

Tiens ! je sens sous mes doigts frissonner mon bâton.

Nocturne à deux voix.

Antonius, tais-toi ! parlons d'une autre affaire.
Veux-tu que je t'apprenne à trouver la polaire ?
Là, dans la petite Ourse, auprès du Chariot,
Lève la tête en l'air, suis mon doigt, idiot !
Retiens ce point qui luit, c'est un moyen commode
Pour connaître son nord ; mais ce n'est plus de mode
D'étudier le ciel, pour trouver son chemin.

ANTONIUS.

Comme toi, je n'ai pas l'honneur d'être marin,
Ami trois fois illustre ! Oh ! tu connais les causes.
Moi, les simples effets, & je les vois tout roses ;
Toi, tout noirs.

PETRUS.

    Sens-tu pas que je suis irrité,
Dans ce pays des sourds, de crier Liberté !
Hululant comme un loup mes chants de République.
A ce jeu, tout mon chef a blanchi : d'œil oblique.
Des ciseaux du barbier, je vois, non sans émoi,
Les neiges de mon poil tomber autour de moi.
Oh ! quand viendra la belle ?

ANTONIUS.

    En l'attendant, espère !
Plus tard, tu m'apprendras à trouver la polaire.

La nuit tire à sa fin, tout en marchant, je vais
Te chanter, si tu veux, ma chanson des forêts.
Comme fleurs, j'ai cueilli ces vers dans les verdures,
Mariant les couleurs aux parfums, aux murmures.
Ecoutant, aspirant, ivre de liberté,
Et de l'azur des cieux contemplant la beauté.

LA CHANSON DE LA FORÊT

I

Enchevêtrements de branchages
Aux rameaux verts & jaunes d'or,
Troncs droits, tortus, de tous les âges,
D'où retentit le son du cor.
Bramements, échos & ramages,
Ce qui s'entend, ce qui paraît
Au frissonnement des feuillages,
C'est la chanson de la forêt.

II

Violettes & primevères,
Sous la ronce & les églantiers:
S'épanouissent les premières
Avant les muguets, les fraisiers:
On voit trembler dans les clairières,
Les grappes d'or des noisetiers

Et s'aviver de teintes claires
Houx, sapins & genévriers.

CHOEUR.

Elle est or & verte, & couleur d'aurore,
La fraîche chanson des bois au printemps;
L'ayant écoutée un jour de beau temps,
On a beau vieillir, on l'entend encore,
La fraîche chanson des bois au printemps.

III

Au bruit mesuré des coignées,
On entend, des éloignements,
Les grands chênes de mille années
Tomber avec gémissements.
On éprouve une vague peine,
Tout le corps est pris de frissons,
Quand on voit s'effondrer un chêne
Sous la hâche des bûcherons.

CHOEUR DE CHASSE.

Taio! taio! voici la chasse,
Au son du cor, le cerf a passé comme un trait,
Taio! taio! la meute aboyant à sa trace...
Taio! taio! ce qui paraît,
Ce qu'on entend, ce qu'on respire,

Et qu'on voudrait pouvoir traduire,
C'eſt la chanſon de la forêt !

IV

Oui ! c'eſt une chanſon bien douce
Que celle des bois en avril,
Chanſon de fleurs, d'herbe & de mouſſe,
Après la neige & le greſil.
De la fraîche forêt qui chante,
On ſent les palpitations,
En croyant ouïr la voix latente
Des grandes végétations.

CHOEUR.

Elle eſt or & verte, & couleur d'aurore,
La fraîche chanſon des bois au printemps ;
L'ayant écoutée un jour de beau temps,
On a beau vieillir, on l'entend encore,
La fraîche chanſon des bois au printemps.

V

La maſſe des cimes roſées
S'éclaire des reflets tremblants,
De fines poudres nuancées,
Les prunelliers ſont déjà blancs,

Et des vents l'haleine attiédie,
Sur le duvet du bourgeon mûr,
Eveille la feuille engourdie
Qui montre son vert à l'azur.

CHOEUR.

Elle est or & verte, & couleur d'aurore
La fraîche chanson des bois au printemps.
L'ayant écoutée un jour de beau temps,
On a beau vieillir, on l'entend encore,
La fraîche chanson des bois au printemps.

VI

L'alentour s'enfle des murmures
De l'eau, de l'air, & les oiseaux
Vont par bandes dans les ramures,
Célébrant les bourgeons nouveaux.
Tout est parfum, amour & joie!
Poète, tu peux t'avancer,
Voici la forêt qui verdoie
Le spectacle va commencer.

VII

Le cerf en rut se précipite
Sur la quenouille & sur le chien

De la bergère qui l'évite
Il titube & ne connaît rien.
Fou furieux, l'amour le mène,
Les petits cerfs veulent venir.
Sa biche folle est déjà pleine
De bramements pour l'avenir.

VIII

Aux amoureux toujours ouverte,
O douce nymphe aux seins moussus,
Au corps mouvant, aux bras tortus,
Jette aux vents ta ceinture verte;
Je t'aime, & je veux, ô forêt!
Me suspendre à ta chevelure,
Pour t'arracher le grand secret
De la couleur & du murmure.

CHOEUR DE CHASSE.

Taio! taio! voici la chasse,
Au son du cor le cerf a passé comme un trait,
Taio! taio! la meute aboyant à sa trace.
Taio! taio! ce qui paraît,
Ce qu'on entend, ce qu'on respire,
Et qu'on voudrait pouvoir traduire,
C'est la chanson de la forêt.

Nocturne à deux voix.

Maintenant, bon Petrus, de ta voix sympathique,
A ton tour redis-nous quelque chanson rustique.
La nature, pour toi prodigue de secrets,
T'a donné mieux qu'à moi de chanter les forêts.

PETRUS.

Que la forêt soit jaune ou pourpre, ou verdoyante,
En rameaux nus & noirs, ou de givre éclatante,
Si l'on se plaît aux chants que chantent les forêts,
Il faut y pénétrer pour entendre de près...
Qu'il fasse jour ou nuit, qu'il survente ou qu'il tonne,
En toutes les saisons, & surtout en automne,
Là, le poète écoute! Il s'inspire & traduit
Les senteurs, les aspects, la couleur & le bruit.
S'il fait chaud, il s'étend; quand il gèle, il va vite!
Et s'il pleut, dans le creux d'un vieux chêne il s'abrite.
Pâtres & bûcherons, vieux mendiants courbés,
Pliant sous le poids mort des branchages tombés,
Vous le laissez passer & rêver en silence:
Vous avez donc compris que c'est à vous qu'il pense.
Peut-être avez-vous lu dans son œil irrité
L'amour de la justice & de l'humanité,
Vous qui ne troublez point, en ses saintes études,
Ce Dieu puissant & doux des vertes solitudes?

Loin des vendus qu'on voit ramper dans la cité,
C'est là qu'il peut encor croire à la liberté,
Et sous son talon droit assouvir ses colères
Sur le front applati des vivantes vipères,
En pensant vaguement à tous les renégats,
Aux sauveurs de pays, généraux, magistrats,
Gazetiers, délateurs, justiciers, gens d'affaires,
Y compris les huissiers.

ANTONIUS.

Grâce pour les notaires !
Coudre dans un linceul, de tes sanglantes mains,
Ces directeurs sacrés des longs troupeaux humains
Bêlant un nom ! Qui donc désormais peut répondre
Des masses sans berger, pour les paître & les tondre ?

PETRUS.

Tu m'interromps ! merci ! Car j'allais oublier
Ces hommes noirs qui font commerce de prier ;
Vrais moines moinillant, de l'espèce qui pue
Et soulève le cœur quand sous l'ongle on la tue ;
Nocturnes tourmenteurs, que l'on voudrait sans bruit
Pouvoir asphyxier en son vase de nuit.

ANTONIUS.

Pour éviter l'odeur de la bête écrasée,
N'est-ce pas? Je comprends! ta cervelle embrasée
Ne voit que flamme & sang! Tu rêves de trépas
Impossibles... Jamais tu n'extermineras
Cette engeance puante, & que toujours féconde
La chaleur des tyrans pour torturer le monde.
Tiens, mieux vaut respirer l'odeur des fenaisons
Dans ce petit vent frais qui court en longs frissons
Sur ces massifs en fleurs, où le rossignol chante,
Incitant ses rivaux de sa voix provocante.

PETRUS.

Je sens l'odeur des foins qui s'élève du sol,
Embaumant l'alentour; j'entends le rossignol
Dans les bosquets voisins, tout le long de la route.
Mais plus près de la terre, en me penchant, j'écoute...
Et comme le vieux Paul des sourdes profondeurs
Du monde ancien j'entends, en confuses clameurs,
Monter des chants d'amour, de paix, de délivrance.
Rois, prêtres, empereurs, assassins de la France,
Gardez la haine en vous, faites des vœux ardents
A Dieu qui n'entend pas!... Usez toutes vos dents!

Les tyrans ne font plus à notre République
Que serpents enlacés mordant un bronze antique.

ANTONIUS.

Haut la gourde, Petrus!... Buvons aux jours meilleurs,
Aux martyrs inconnus, à tous les nobles cœurs!...

PETRUS.

J'ai bu... Mais hâtons-nous!...

ANTONIUS.

A tantôt la friture,
L'étuvée odorante & le clairet nature!...
Puis un bon somme après, sur les meules de foin,
Pour nous remettre un peu de cette nuit de juin.

PETRUS.

Bientôt au fond des bois, si la muse t'incite,
Tu pourras célébrer ta douce Marguerite,
Étendu sous ton hêtre, & tout le long du jour
Fatiguer de son nom les échos d'alentour.

ANTONIUS.

Et toi, divin Petrus, ta grande République!!!
Déjà d'ici je vois, à ton chant prophétique

Les vieux chênes émus, pencher leurs rameaux verts
Sur tes lèvres de feu, pour écouter tes vers.

PETRUS.

Vil flatteur, à ta voix tout s'anime & se dore ;
Je te mets au défi de peindre cette aurore
Qui s'avance ; à mon tour, sur un mode vermeil,
Je te décrirai, moi, le retour du soleil.

ANTONIUS.

Déjà le point du jour souriant dans la brume
S'avive de lueurs, & son grand œil s'allume,
Crespelant les bords clairs de l'horizon changeant,
De petits tons rosés, verts, or & vif-argent...
Les coqs vont fanfarant leurs stridentes fanfares,
Cependant qu'au zénith les étoiles plus rares
S'éteignent doucement au souffle du matin,
Et que de toutes parts les cloches du lointain,
Des profondeurs du val au penchant des collines,
Éveillent les échos de leurs voix argentines.

PETRUS.

Poète, en t'écoutant, je vois sur un fond clair
Le rubescent matin, haut le pied, aile en l'air,
S'arrachant aux baisers de l'Aurore vermeille.
Parfums, chants & couleurs, devant lui tout s'éveille.

Par obliques reflets déjà les premiers feux
Du soleil qui s'approche empourprent les hauts lieux,
Faisant de l'Orient, sur un grand fond d'opale,
S'aurorescer soudain la rive occidentale,
Trouant sur les coteaux, d'or, d'argent, d'azur clair,
Les bouleaux trémulants aux baisers du grand air...
Si qu'en fermant les yeux je vois tourner la terre,
Avec ses monts, ses bois, ses grands champs de bruyère,
Et ses plaintives mers, où nos amis s'en vont,
Loin des leurs..., entassés sous l'humide entrepont,
Le menton dans les mains, écoutant la carène,
Long gémissant cercueil, qui, comme une âme en peine,
Mêlant sa voix funèbre aux murmures des flots,
Dans ses sourds craquements étouffe leurs sanglots.

ANTONIUS.

Des gens qui n'ont rien fait & dont le crime unique
Est d'avoir un peu trop aimé la République.
Oh! nous les vengerons!!!

PETRUS.

Oui, j'en fais le serment.
Sur ce soleil qui monte au bleu du firmament.
Les fronts se sont courbés, mais le temps qu'on peut croire,
Agissant de façons qu'on sache cette histoire,

Fouillera les prisons, l'exil & les tombeaux,
Pour montrer les martyrs à leurs pâles bourreaux.

ANTONIUS.

L'alouette a chanté ses adieux à l'aurore ;
Les fraîcheurs du matin font les beaux vers éclore.
Les chênes frissonnant dans le vent embaumé
Verseront leur rosée à ton chef enflammé.
Viens, beau lion sanglant, viens lécher ta blessure
Sur le sein murmurant de la grande nature.

TABLE

	Pages.
DÉDICACE.	v
PRÉFACE.	vij
OUVERTURE. — Le Réveil de Mufa.	1
Le Retour des hirondelles.	19
La Vendange.	29
Novembre.	35
La Chanfon de Kérouzerai.	39
L'Étang. — Ruftique Symphonie.	51
La Plainte du Pâtre.	83
La Symphonie de la Nuit.	87
Cenderinette.	101
Le Renouveau	105
Le Premier Mai.	113
Août. — Étude ruftique.	119
Adieux à la Falaife. — Petite Symphonie.	127
Le Chant des Yoliers. — Poème.	145
Héléna changée en Sonnet.	153
Simple Chanfon.	155
En Californie.	159
Le Bohémien.	163
Une petite Lâcheté.	167
Sans Nom.	169
Melancolia.	173

Table.

Le Chant du Corsaire.	183
Le Diable à bord. — *Chanson fantastique*.	191
Perdu corps & biens. — *Conte fantastique*.	195
Un Homme à la mer.	199
Conte à bord.	201
Le grand Trois-Ponts.	205
Ouvre l'œil au boſſoir!	209
La Patrie en danger.	217
A l'aſſaſſin! — En Pologne (1860).	223
Chant gaulois.	227
Jean Raiſin. — *Chanſon* — 1850.	233
Monſieur Capital. — 1852.	237
Le Pauvre.	241
Chanteclair. — 1853.	245
Liberté, Égalité, Fraternité. — 1852	251
La République univerſelle. — 1852.	255
Le Chant du Vote. — 1869.	259
Le Plébiſcite. — Mai 1870.	263
Monſieur Gaudéru. — *Poème fanfare*.	267
La Chaſſe du Peuple. — 1852	291
Le Triomphe du Vin.	299
Nocturne à deux voix.	309

www.ingramcontent.com/pod-product-compliance
Lightning Source LLC
Chambersburg PA
CBHW060453170426
43199CB00011B/1189